MÉMOIRES

SUR

LA REINE HORTENSE.

PARIS, IMPRIMERIE DE DECOURCHANT,
Rue d'Erfurth, n° 1, près l'Abbaye.

MÉMOIRES

SUR

LA REINE HORTENSE,

AUJOURD'HUI

DUCHESSE DE SAINT-LEU;

RECUEILLIS ET PUBLIÉS

PAR LE Bon W. F. VAN SCHEELTEN.

TOME SECOND.

PARIS,

URBAIN CANEL, | ADOLPHE GUYOT,

104, Rue du Bac. | 18, Place du Louvre.

M DCCC XXXIII.

CHAPITRE PREMIER.

—

1808.

—

—

Avant que l'Empereur eût pris la résolution
de placer son frère sur le trône d'Espagne, cette
couronne avait déjà été offerte en secret à Louis
qui l'avait refusée. Sa conduite généreuse, dans

cette circonstance, avait singulièrement accru l'attachement que les Hollandais avaient déjà conçu pour lui.

A la fin de l'année 1808, M. de Broc s'aperçut que la bienveillance du roi à son égard n'était plus la même. Il ne possédait plus, comme par le passé, la confiance que Louis lui avait constamment montrée. M. de Broc s'en plaignit un matin au roi, qui, pour toute réponse, le regarda fixement et lui tourna brusquement le dos.

Il n'était pas douteux que la défaveur du maréchal n'eût pris naissance dans l'affection particulière que la reine lui témoignait. Louis s'était toujours imaginé qu'il existait entre M. et madame de Broc une correspondance toute dans les intérêts de la reine, où il était beaucoup question de lui et de son gouvernement. Mais le grand-maréchal était trop homme d'honneur pour trahir son maître, il n'eût pas davantage désavoué la bienveillance méritée que la reine accordait à sa femme; il savait d'ailleurs que, dans tous les différends que cette dernière avait eus avec son mari, elle n'avait jamais souffert que personne intervînt, si ce n'était sa mère, qui seule la défendit toujours. Louis s'imaginait qu'on était *contre lui* lorsqu'on ne se déclarait pas ostensiblement en sa faveur. S'il avait voulu établir en Hollande un ministère de la police organisé à l'instar de celui de Paris, il serait parvenu sans doute à s'assurer que les Français qui étaient près de lui étaient incapables de le trahir, malgré leurs rapports particuliers avec la France. Mais, par son affectueuse faiblesse pour les Hollandais, n'ayant pas voulu heurter de front leurs préjugés, il s'était toujours abstenu de créer une police qui eût secondé son gouvernement par une surveillance sévère. Sa répugnance était uniquement fondée sur ce qu'une administration de ce genre n'avait jamais existé en Hollande. Qu'en est-il résulté? c'est qu'il est resté dans une profonde ignorance sur une foule de choses qu'il eût été de la dernière importance pour lui de connaître.

Madame de Broc, que la reine regrettait tant lorsqu'elle n'était pas près d'elle, lui avait demandé son agrément pour rejoindre son mari; Sa Majesté n'avait pu lui refuser cette faveur :

elle était donc partie de Paris, où se trouvait
alors la reine, pour retourner en Hollande avant
elle et se trouvait assez fréquemment avec Louis,
exposée à l'entendre s'expliquer sur le compte
de sa femme en termes qui l'affligeaient beaucoup; elle cherchait avec douceur, avec respect,
à détruire les fâcheuses impressions qui ani-
maient son époux; mais tout ce que lui suggé-
raient et l'amitié et la raison était inutile. Plusieurs
fois elle avait supplié le roi de lui épargner le
chagrin d'entendre sans cesse calomnier sa souveraine. Louis, comme tous les hommes qui se
croient offensés, revenait à tout propos sur ce
chapitre. Un jour qu'il tenait le portrait de la
reine, auquel il n'adressait pas sans doute des
paroles très-flatteuses, madame de Broc, les larmes aux yeux, le lui arracha pour ainsi dire des
mains, et ne put lui dissimuler toute l'indignation qu'elle ressentait d'un procédé si indigne
d'un galant homme. Plus tard, Louis parut rendre à madame de Broc et à son mari toute l'affection qu'ils méritaient l'un et l'autre; il donna
même au grand-maréchal la mission d'aller à

Madrid féliciter Joseph sur son avénement au trône d'Espagne. M. dè Broc, enchanté d'avoir reconquis la confiance de son souverain et l'amitié de son ancien frère d'armes, versait des pleurs d'attendrissement en prenant son audience de congé ; cette espèce d'ambassade n'était pourtant qu'une disgrâce, un exil.

M. de Broc rejoignit Joseph à Vittoria ; il lui remit ses dépêches et fut reçu fort gracieusement par le roi, qui l'invita même à dîner. Mais le lendemain ce fut une toute autre réception. L'entrée du palais lui fut refusée, et, quelles que fussent ses démarches, il ne put jamais obtenir une audience. Il était évident que les dépêches qu'il avait remises contenaient des choses qui lui étaient personnellement défavorables : aussi tant qu'elles n'avaient point été ouvertes, il n'avait eu qu'à se féliciter de l'accueil du roi. M. de Broc ne sut trop d'abord quel parti prendre ; mais l'arrivée à Vittoria du maréchal Ney, son beau-frère, mit fin à son incertitude. Celui-ci, sachant à quoi s'en tenir sur le caractère du roi de Hollande, lui conseilla de quitter cette cour et de rentrer au service de France. L'Empereur, à qui M. de Broc en fit la demande, y consentit, sans cependant vouloir lui accorder le grade de général de brigade qu'il avait auprès de Louis. Il fut donc obligé de se contenter de celui de colonel d'état-major qu'il occupait dans l'armée avant son entrée au service de Hollande; il revint donc en France et fit bientôt la guerre en Italie, où il mourut des suites d'une affection catarrhale dont il souffrait depuis long-temps. Madame de Broc ne put jamais se consoler de la perte d'un époux qu'elle chérissait tendrement, et elle le pleurait encore deux ans après, en accompagnant à Aix la reine de Hollande qui y était allée prendre les eaux. Après avoir parcouru ensemble le sommet de quelques roches escarpées, madame Louis venait, sur une planche légère, de franchir un précipice, elle se retournait pour tendre la main à madame de Broc qui la suivait, lorsqu'elle disparut à ses yeux, précipitée au fond du torrent qui l'emporta. Madame Louis n'avait plus d'amie.... quelle douleur après une longue épreuve, lorsque le choix est si bien fait, quand on vit dans un autre soi-même ! Nous sommes presque toujours sans force contre les peines du cœur ; celle-là eût anéanti le courage de la reine, s'il n'avait dû se ranimer pour subir de nouvelles afflictions.

Dans le courant du mois d'août, Louis fit une tournée dans ses États. Les visites d'un souverain produisent toujours de salutaires effets ; le peuple aime à voir ceux dont il attend sa félicité et son repos.

Durant cette absence, la cour resta languissante. Ceux qui n'avaient point accompagné le roi cherchaient quelques distractions dans la société fort monotone, du reste, de la capitale de la Hollande.

Quant à la reine, elle ne comprenait la royauté qu'environnée de pompe et de fêtes, qu'au milieu de gens de mérite, animée par l'attrait des conversations savantes, vives, variées, étincelantes de ces saillies, de ces mots heureux, de ces riens séduisans qui prêtent tant de charmes à la société parisienne, et que les réunions d'Amsterdam ne lui offrirent jamais. Pouvait-elle

être reine là où elle était forcée de se contrain-
dre sans cesse, où il lui fallait commander à toutes ses affections, à tous ses goûts; où, dans son
intérieur même, son mari lui imposait l'obliga-
tion de faire un accueil affectueux à des Hollandaises renforcées, à une certaine madame Van
Hoyneck Van Papendrecht dont la conversation
était aussi tudesque que le nom.

Cette dame, née et élevée en France, avait
épousé un Hollandais et s'était fait naturaliser.
Elle ne s'était pas débarrassée à Paris des ridi-
cules, des préjugés, des prétentions d'une pro-
vinciale. Fière de son immense fortune, elle se
croyait au niveau d'une tête couronnée, parce
qu'elle avait autant de diamans que les princes
de la Confédération du Rhin auraient pu en réunir entre eux tous. Son mari, d'une famille très-
ancienne de la province d'Overyssel, était un ju-
risconsulte du premier mérite. Le gouvernement
hollandais lui avait confié plusieurs missions importantes en 1798. En 1803 il avait été envoyé
à Paris en qualité d'ambassadeur, et en 1805 il
était à Amsterdam revêtu de la dignité de *grand-*

pensionnaire qui lui donnait un pouvoir très-étendu. Plus tard, il introduisit dans le gouvernement de Louis beaucoup d'institutions utiles et principalement un système de finances remarquable par sa simplicité et sa justesse. Il était excessivement riche et très-considéré en Hollande où il exerçait une très-grande influence. Le roi faisait un cas tout particulier de M. Van Hoyneck Van Papendrecht.

Quelques jours après l'arrivée du roi et de la reine à La Haye, sa femme étant venue faire une visite à M. Darjuzon, premier chambellan, ce grand-officier, qui ne la connaissait pas, lui dit :

« Madame, à qui ai-je l'honneur de parler ?

— « A madame Van Hoyneck Van Papendrecht, monsieur.

— » Je vous prie, madame, de me dire votre nom.

— » Je vous le répète, monsieur : Van Hoyneck Van Papendrecht.

— » Vous me voyez désespéré, madame, mais je n'ai pas l'honneur de comprendre le Hollandais, et si vous ne me dites pas votre nom en français, c'est avec peine que je me verrai dans l'impossibilité de pouvoir faire droit à votre réclamation. »

L'extérieur de madame Van Hoyneck Van Papendrecht n'offrait rien d'extraordinaire, à part un embonpoint plus bizarre encore peut-être que celui du roi de Bavière. Elle avait toujours une toilette de mauvais goût quoique d'une extrême richesse, ce qui ne déguisait pas les 45 ou 50 ans dont cette dame paraissait affligée. Quant à sa fille, mademoiselle Malvina, elle aurait été supportable, si sa maigreur extrême, sa mine bourgeoise et son air constamment bouvoir n'eussent balancé chez elle tous les avantages de la jeunesse. Au reste, nous ne parlerons plus de ces deux dames que pour raconter une conversation assez singulière que la reine de Hollande eut avec elles : nous tâcherons de la rapporter avec autant de fidélité que madame de Saint-Leu en a mis à nous la raconter elle-même, en la laissant parler. Elle fera juger la mère et la fille, mieux que tout ce que nous pourrions dire nous-mêmes.

« Je désirais depuis long-temps, leur dis-je,
avoir le plaisir de vous voir.

— » Je m'en veux horriblement, madame, de
n'avoir pu m'arracher plus tôt à mes occupations
journalières ; mais Votre Majesté sait peut-être
que je me suis exclusivement consacrée à l'éducation de ma bonne Malvina. Cette jeune plante
a besoin de culture, et c'est une tâche bien chère
au cœur d'une mère. Votre Majesté le sait mieux
que personne.

— » Toutes ne sont pas aussi heureuses dans
les soins qu'elles donnent à leurs enfans.

— » Ah ! madame, il faut souvent en accuser
leur négligence !... Malvina, tenez-vous droite...
Quand une mère veut remplir tous ses devoirs, il
faut qu'elle fasse abnégation d'elle-même ; il faut
qu'oubliant les avantages qu'elle peut avoir pour
réussir dans le monde, elle ne songe qu'à redres-
ser le jeune arbrisseau.

— » Le caractère fait aussi beaucoup.

— » Ah ! madame, Votre Majesté a bien raison ; aussi, grâce au ciel, n'ai-je pas semé sur
une terre ingrate, et ma Malvina a su profiter

de l'exemple qu'elle avait sous les yeux. Mon éducation fut assez *soignée*, j'ai beaucoup lu, et j'ai toute ma vie cultivé l'étude des beaux-arts; je dessine même encore quelquefois et.....

— » Mademoiselle votre fille a-t-elle dansé chez madame Daendels?.... la soirée était, dit-on, charmante. Vous avez dû vous retirer tard ?

— » Maman est toujours pressée de s'en aller, dit aussitôt la jeune personne en pinçant les lèvres.

— » Oh ! ma fille, je vous croyais plus raisonnable !

— » A l'âge de mademoiselle, il est tout simple d'aimer la danse.

— » La danse! répliqua la mère.... peut-on aujourd'hui parler de danse !.... Ah ! Votre Majesté sait bien que, grâce aux progrès de notre civilisation, elle est tout-à-fait hors du rayon des convenances.

— » Je vous avoue, madame, que j'ai beaucoup aimé la danse lorsque j'étais plus jeune; que j'ai même beaucoup dansé.

— » Oh ! madame, pour Votre Majesté c'est différent ; d'ailleurs elle *prohibait* sans doute la valse : je suis bien sûre qu'elle n'a jamais valsé.

— » Pardonnez-moi, et c'était toujours moi que mon frère choisissait de préférence. Eugène valse très-bien.

— » C'est différent. J'aime la contre-danse et même la valse qui concilient à la fois la gaîté et la décence ; on peut s'amuser ainsi sans avoir recours à une foule d'innovations plus choquantes les unes que les autres.

— » Quelles sont donc celles dont vous voulez parler ? je ne les connais pas.

— » Ah ! mon-Dieu, j'en ai oublié jusqu'au nom !

— » Maman, c'est le Rond-de-rondchat et la Montferrine.

— » Ah ! oui, j'y suis : le Rond-de-rondchat ! Que Votre Majesté se figure un courant d'air des plus violens qui s'établit dans un appartement dont toutes les portes sont ouvertes et une foule d'individus qui, se tenant tous par la main, s'élancent avec un bruit horrible les uns sur les autres ; on se poursuit, on se serre, on s'écarte, on se mêle, on se croise, et puis on disparaît... que sais-je ?... En deux mots, une demoiselle bien élevée se trouve entre les bras du premier venu.... Ah ! fi ! ce Rond-de-rondchat n'est absolument que l'oubli animé de toutes les convenances sociales.... Tout le monde vous bouscule et vous marche sur les pieds ; on renverse même quelquefois les meubles.... Ah ! fi !... aussi ai-je bien signifié à Malvina qu'elle ne danserait plus désormais de Rond-de-rondchat. Est-ce que Votre Majesté ne connaît pas cette danse ?

— » Mon Dieu ! madame, depuis que je suis en Hollande, je suis devenue un peu étrangère aux nouveaux usages ; d'ailleurs, depuis la mort de mon fils, j'ai renoncé à toutes les distractions de ce genre. Cependant, d'après la définition que vous me faites du Rond-de-rondchat, je vois que ce n'est autre chose que *le grand-père* que ma mère aimait tant à danser à Malmaison.

— » Ah ciel ! j'étais bien loin de soupçonner que l'on pût abuser dun nom aussi respectable.

— » Je ne connais pas le Rond-de-rondchat,

mais je puis vous assurer que le grand-père est une danse fort innocente.

— » Mais, maman, dit mademoiselle Malvina, c'est la même chose.

— » Taisez-vous, ma fille, qu'est-ce alors que ce grand-père qui va de la cave au grenier et ensuite se perd jusque dans les bosquets?... Votre Majesté avouera elle-même que ce n'est pas très-régulier.

— » Cela n'offre pourtant rien d'inquiétant, madame ; un nombre infini de danseurs et de danseuses se succède, et je n'y vois guère d'autre inconvénient que celui de déranger un peu la toilette ou la coiffure des jeunes personnes, quand tout-à-coup la grande chaîne disparaît.....

— » Eh bien ! moi, madame, la dernière fois que Malvina a dansé le Rond-de-rondchat, j'entendis des cris horribles partir de la pièce voisine : tremblante et alarmée, je m'élançai à la recherche de ma fille, j'eus toutes les peines du monde à la distinguer au milieu de cette cohue.... Que Votre Majesté s'imagine tous les danseurs et les danseuses serrés en rond les uns contre les autres. Ce ne fut qu'avec un mal infini que je parvins à arracher....

— » Arracher ! m'écriai-je.

— » Oui, madame, oui, ma pauvre Malvina, à demi suffoquée, de cette figure qu'ils ont l'indécence d'appeler, je crois, le *colimaçon*.

— » Non, maman, *l'escargot*.

— » Vous êtes une petite sotte ; je sais ce que je dis. »

Voyant que madame Van Hoynech Van Papendrecht commençait à se piquer, et ne voulant pas me trouver dans la nécessité de jouer le rôle de médiatrice entre la fille et la mère, je m'empressai d'interrompre cette dernière en changeant le texte de la conversation.

« Le carnaval va bientôt finir, dis-je alors, et d'autres plaisirs vous attendent. Notre salon des Arts va s'ouvrir, et l'on dit qu'il contient des tableaux de premier ordre.

— » Ah ! oui, de la nature morte ! on cite entre autres un tableau qui représente un fusil de chasse avec une carnassière et une poire à poudre.... ; on croirait....

— » Et surtout une Vierge de..... admirable. Au reste, madame, comme il m'est permis de voir cette exposition avant le public, si vous désirez y conduire mademoiselle votre fille....

— » Qui! moi, madame!..... Ah!, Votre Majesté rendra plus de justice à la prudence éclairée d'une mère.... Les nudités repoussantes, les amours indécentes des dieux du paganisme, tout cela doit-il fixer les regards d'une innocente pudeur? Je permets à ma fille de dessiner des fleurs, le paysage, la tête; car je lui permets jusqu'à la tête inclusivement. C'est là que doivent se terminer les études d'une jeune personne..... Hélas! madame, combien d'entre elles dont la réputation, jusqu'alors sans tache, s'est ternie à la bosse, a chancelé dans un atelier, et s'est perdue tout-à-fait au modèle vivant!

— » Au surplus, mademoiselle Malvina, m'a-t-on dit, est très-bonne musicienne; elle exécute des morceaux d'une grande force; mais, selon moi, c'est moins à la difficulté qu'il faut s'attacher qu'à cette expression, à ce charme puissant qui s'empare des facultés de l'âme et porte au fond du cœur les plus douces émotions.... Mademoiselle votre fille serait bien aimable d'essayer le piano que voilà ; Erard me l'a envoyé l'année dernière : depuis la mort de mon fils, je ne l'ai pas ouvert encore.

— » Les désirs de Votre Majesté seront toujours des ordres pour Malvina. Allons, ma fille, mettez-vous au piano.

—.» Mais, maman, vous savez bien que je ne sais rien par cœur. »

» Et ceci fut dit par la petite fille en tournant la tête de côté et en faisant un geste d'impatience si prononcé qu'il ne put échapper à sa mère, qui la regarda d'un œil sévère comme pour la rappeler aux convenances. J'eus peur que la scène que j'avais déjà su éviter ne vînt à éclater de nouveau.

— « Desserrez donc les dents quand vous dites quelque chose.... Savez-vous à qui vous parlez ?.

— » Allons, mademoiselle, c'est moi qui vous en prie...

— » Malvina, au piano. »

» Et un geste impératif de la mère indiqua assez qu'elle voulait être obéie.

« Mais puisque je ne sais rien.

— » Vous ne savez rien, mademoiselle ! que dites-vous là ?... Et le pot-pourri de Richard ! et l'ouverture du Calife, et la bataille de Marengo, que vous apprenez depuis deux mois !.....Votre Majesté connaît sans doute la bataille de Marengo ?

— » Certainement !... Je me rappelle que madame Campan nous la faisait jouer au concours.

— » Cela devait faire beaucoup d'effet, car c'est un morceau bien belliqueux...; bien déchirant...., et d'une fraîcheur ! Une bataille sur un piano d'Érard, et à queue encore, ne doit rien laisser à désirer. »

» Pendant ce singulier éloge la jeune personne obéissait, le cœur gros, et après avoir ôté lentement ses gants, ses deux mains, armées de doigts maigres et effilés, se mirent à courir l'une après l'autre sur le clavier, comme deux araignées qui regagnent leur toile.

« Voilà la cavalerie ! voilà la cavalerie ! s'écria madame Van Hoyneck Van Papendrecht transportée.

— » Et du tout, maman ! répondit la petite

2.

d'un ton d'impatience, c'est mon prélude en mi bémol; je ne me souviens pas de la bataille.

— » Comment ! Malvina, vous ne vous souvenez plus de la cavalerie qui arrive sur les triolets pour imiter le galop des chevaux, avec les arpéges qui indiquent que ce sont les guides qui chargent : c'est écrit sur la musique ! »

» Ici la pauvre Malvina voulut un peu essayer de la cavalerie; mais il y eut bientôt déroute complète, et la charge du régiment de mon frère ne put, cette fois, être exécutée à fond.

« — Et les cris des blessés, ma fille, ne t'en souviens-tu pas ? Tra..... la..... la..... tra..... »

» Ce fut en vain. La cavalerie n'avait sans doute atteint personne, car je n'entendis pas le plus léger gémissement.

« — Mais, au moins, les coups de canon;... rien qu'un seulement.

— » Tenez, le voilà le coup de canon , dit la petite maussade en tapant rudement sur une touche qui fit entendre le bruissement d'une corde cassée.... Ce n'est qu'un ut de plus.

— » Et une corde de moins, dis-je tout bas.

— » Eh ! sans doute ce n'est qu'un ut ! mais il y a ut et ut, et celui-ci, dans le morceau, produit un effet admirable. Au reste, madame, ajouta la mère, je suis désolée que Votre Majesté n'ait pu prendre qu'une idée imparfaite de la bataille de Marengo. La mémoire de ma fille a trompé sa bonne volonté ; mais je prends l'engagement de vous en dédommager sous peu, et j'apporterai le cahier pour que Votre Majesté puisse jouir de l'ensemble. »

» Là-dessus, ajouta la reine, madame Van-Hoyneck Van-Papendrecht et sa fille prirent congé de moi, et je sonnai aussitôt après pour faire donner l'ordre au concierge de dire à ces dames que je n'étais pas à Amsterdam lorsqu'elles se présenteraient dorénavant à la grille du palais. »

Louis revint enfin, et la cour reprit toute sa splendeur. Les Hollandais le revirent avec beaucoup de plaisir. La reine donna bientôt des réunions où reparurent d'autres dames hollandaises que mesdames Van Hoyneck Van Papendrecht, et que l'absence du roi avait d'autant plus affligées que ces soirées étaient une espèce d'arène où leurs grâces et leur amabilité paraissaient dans tout leur éclat. Une dame Nepveu, surtout, dont madame Louis n'était nullement jalouse, s'était tellement habituée à ce que le roi lui fît l'honneur de l'admettre à sa partie de wist ou de reversi, qu'elle faisait dans son salon tout ce qu'elle pouvait pour que cette faveur ne lui échappât pas. Louis s'aperçut de ce petit manége de vanité, et s'amusa, plus d'une fois, à tromper l'attente de madame Nepveu. A travers le voile de l'étiquette et de la politesse un spectateur impartial aurait pu distinguer dans ces cercles une foule de petites scènes assez amusantes, où la jalousie et l'amour-propre luttaient à l'envi.

Si les usages du pays doivent être respectés par ceux qui viennent l'habiter, il en est pourtant qu'on ne peut ni tolérer ni introduire chez un souverain sans blesser toutes les règles de la bienséance et du bon ton. Cependant Louis, dont on n'aurait pu révoquer en doute ni les manières gracieuses ni le tact exquis, permit au palais l'usage de la pipe, et en donna lui-même l'exemple

en essayant de fumer. Il s'était procuré de très-
belles pipes et d'excellent tabac; mais, malgré sa
bonne volonté, il ne put jamais en venir à bout :
il se contentait d'ouvrir et de fermer la bouche
sans aspirer le moins du monde. « Comment
diable ! s'écria-t-il enfin, cela n'en finit pas. » On
lui fit observer que ce n'était pas ainsi qu'il fallait faire; mais Louis en revenait toujours à son
espèce de bâillement. Ennuyé de ses vains efforts,
il finit par faire allumer sa pipe par quelqu'un
qui la lui présentait ensuite. A peine avait-il
aspiré une bouffée, que la fumée, qu'il ne savait
pas chasser de sa bouche, s'amoncelant dans son
gosier, ressortait par ses narines et par ses yeux.
Dès qu'il put reprendre haleine : « Otez-moi cela,
dit-il; quelle infamie ! » Il se sentit en effet fort
mal à son aise pendant une heure, et renonça
pour toujours à un plaisir dont l'habitude, disait-il, n'était bonne qu'à désennuyer les fai-
néans. Dès-lors, au grand déplaisir des Hollandais, il fut résolu que le grand salon de réception
ne serait pas transformé en tabagie, et personne
ne s'avisa plus de fumer.

CHAPITRE DEUXIÉME.

—

1808.

—

—

Napoléon avait régénéré la France; il s'était assis sur un trône élevé de ses mains; il ne pouvait vouloir laisser après lui ce grand ouvrage exposé à périr. Il savait que la couronne ne s'affermit dans les familles qu'autant qu'elles ont des rejetons capables de la porter. Il avait voulu, dans le principe, se donner pour héritier le fils aîné de son frère Louis ; mais la mort imprévue de cet enfant avait détruit tous ses projets. Ce fut alors que Joséphine, prévoyant déjà la disgrâce qui l'attendait, imagina d'engager l'Empereur à adopter solennellement son fils Eugène. Déjà même dans quelques entretiens elle lui avait insinué la première idée de cette haute conception; mais elle craignait de s'aventurer plus avant, et, de concert avec son fils, elle engagea Regnault de Saint-Jean d'Angely à entamer cette négociation qui, du reste, ne pouvait être confiée à de plus habiles mains.

Le blocus subsistait plus que jamais en Hollande ; et pourtant il se faisait encore quelques opérations commerciales avec l'Angleterre. Il eût été difficile, pour ne pas dire impossible, qu'il ne se glissât point, à travers les filets tendus sur les côtes par les douanes, quelques légers bâtimens chargés de marchandises prohibées : pour que les garde-côtes pussent bien voir tout ce qui se passait autour d'eux, il leur eût fallu des yeux de lynx. Napoléon était exactement informé de ces infractions faites chaque jour à ses décrets, à son système, et cela ne faisait qu'augmenter sa mauvaise humeur, qu'on prenait plaisir à entretenir contre son frère. Aussi, dès ce moment, voulut-il s'attribuer sur lui un empire tellement absolu, que Louis commença à se lasser tout de bon de n'être qu'un fantôme de souverain.

Quoi qu'il en soit, Leurs Majestés ne virent jamais au palais d'Amsterdam un plus grand concours de hauts personnages que dans les premiers jours de l'année 1809. Ils vinrent leur rendre leurs hommages et leur exprimer des *vœux sincères*, sur lesquels ils avaient déjà appris à ne pas trop compter. Les corps constitués du royaume, les grands-officiers de la couronne, ceux de leur maison, le corps diplomatique, enfin tout ce qui se trouvait sur le premier plan du tableau des grandeurs, fut admis à faire sa cour à Leurs Majestés. Vint ensuite chaque grand dignitaire avec sa suite obligée, et chaque employé un peu marquant avec ses inférieurs qui, probablement, étaient suivis de leurs subalternes, dont les derniers ne se croyaient certainement pas sans importance. C'était au palais l'image la plus complète de tous les ricochets de la société.

Depuis la retraite de M. de Caulincourt les fonctions de grand-écuyer avaient toujours été remplies par le grand-veneur. Louis se décida à nommer à cet emploi le général Bruno, qui certes n'avait rien qui pût rappeler le saint fondateur de l'ordre des Chartreux. C'était un militaire fort distingué, mais qui aimait le faste et avait un goût peut-être un peu trop prononcé pour les plaisirs.

Au mois de mars, Louis était à Utrecht au moment de l'effroyable inondation qui répandit partout le ravage et la désolation. Il en fut lui-même si alarmé que, malgré l'état de souffrance dans lequel il se trouvait depuis quelques jours, il accourut sur les lieux, afin d'être plus à portée d'ordonner tout ce qui pourrait être nécessaire dans une si pénible circonstance, voulant à toute force que les travaux qu'exigeait la position si critique des habitans dont les propriétés étaient en proie à l'inondation, fussent faits sous ses yeux. Il lui arriva plusieurs fois, dans cette circonstance, de courir des dangers imminens. Sa patience et son courage excitaient le zèle des ouvriers, et il récompensa largement ceux qui s'étaient le plus exposés ; sa présence fut surtout un motif de consolation pour les habitans de la petite ville de Gozenm, qui probablement eût été totalement submergée si le roi ne se fût hâté de s'y montrer à temps. Il ne rentra au château que fort avant dans la nuit, et lorsque, excédé de fatigues, ses forces épuisées eurent vaincu son courage. Dès-lors fut créé le fameux comité central de l'administration des eaux, afin de garantir à l'avenir le territoire de semblables accidens.

A son retour à Amsterdam, à peu près à la mi-mai, pour se distraire de ses importantes occupations, Louis voulut aller passer la belle saison au château de Loo. La reine l'y suivit, après avoir donné l'ordre aux comédiens français de venir y donner des représentations; et le soir, à défaut de spectacle, Leurs Majestés s'en dédommageaient en mettant en action des charades que le roi aimait à indiquer lui-même.

Une fois il donna le mot Voltaire. Le nom du patriarche de Ferney fut donc livré à la dissection. On se divisa, comme c'est l'usage, en deux parties. Louis ne voulut être d'aucune, et se contenta de rester spectateur neutre. La première scène représentait l'intérieur d'un salon, où une jeune femme, madame Janssens, richement vêtue et fort éveillée, semblait être profondément endormie sur une causeuse. Elle devait être dévalisée par des voleurs. Cinq brigands s'introduisaient dans ce salon pour y commettre un *vol*. Ces rôles de brigands étaient remplis par l'intendant-général du roi, qui en était le chef, et par quatre de ses chambellans. Louis en fit plaisamment la remarque. Cette première partie de la charade fut devinée tout d'abord.

La seconde scène se passait dans une cham-

bre où deux personnes s'entretenaient des affaires du temps. Le colonel de la garde était un
des deux personnages ; il émettait hautement et
trop franchement peut-être son opinion sur les
abus, les injustices, etc. L'autre interlocuteur
était le chancelier, qui lui faisait observer qu'il
n'était pas toujours prudent de s'expliquer aussi
catégoriquement, et qu'il fallait quelquefois
savoir se *taire*.

Cette fois les avis furent partagés, et le second membre de la charade ne fut pas trop
deviné.

La troisième scène se passait dans un cabinet
de bibliothèque, où l'on voyait un vieux bureau
sur lequel était placé un petit cabaret antique,
avec deux tasses à café en porcelaine de Saxe.
Une dame d'un certain âge entrait dans le cabinet, tenant une cafetière à la main et précédant de quelques pas un vieil écuyer du roi,
d'une maigreur extrême, qui, affublé d'une robe
de chambre à ramage et d'une perruque à trois
marteaux, avait tout-à-fait l'air d'une momie
habillée.

Alors tout le monde de s'écrier : Oh ! c'est *Voltaire !* c'est *Voltaire !*

Le mot de la charade avait été deviné, même par les Hollandais. Il est vrai qu'il n'était pas très-difficile.

Cependant la Hollande, qui observait tous les mouvemens de la France, pressentait bien quelques grands événemens, et Louis, plus que tout autre, crut apercevoir à l'horizon politique un noir présage dont il redoutait l'accomplissement. Toutes relations fraternelles avaient cessé entre l'Empereur et lui, et l'on jugea dès-lors, ou que Napoléon était trop exigeant, ou que son frère, s'il devait obéir, ne le faisait jamais qu'après y avoir été en quelque sorte contraint. Qui devait donc céder dans cette lutte ? On ne pouvait se dissimuler que la position de Leurs Majestés en Hollande devenait plus délicate chaque jour. Elles se trouvaient placées entre les devoirs qu'elles avaient à remplir comme souverains et la crainte de déplaire à celui qui les avait placées sur le trône. Louis fit un voyage en Zélande ; la reine profita de son absence pour venir à Paris, sa mère lui ayant témoigné le désir, dans une lettre pressante, de l'avoir auprès d'elle.

La reine partit donc d'Amsterdam avec son fils, le 1er août 1809; elle était bien loin de penser qu'elle ne retournerait jamais en Hollande. Arrivée à Paris le 4, la première chose qu'elle fit fut d'aller voir sa mère qui était à Fontainebleau, dans la crainte qu'elle ne vînt à lui faire un reproche de son peu de promptitude à se rendre à ses vœux; car elle ne prit même pas le repos qui était si nécessaire après un voyage aussi fatigant. Madame Louis trouva l'Impératrice beaucoup plus triste qu'elle ne s'y serait attendue. L'Empereur était venu la voir la veille, et elle ne pouvait éloigner de sa pensée l'idée qu'une grande catastrophe la menaçait; la reine avait rencontré sous le péristyle la prophétesse Lenormand, dont sa mère payait les avis mystérieux et mensongers au poids de l'or. Joséphine passait une partie de sa vie à se faire tirer les cartes et à chercher son avenir dans du marc de café ou dans des blancs d'œufs. Il paraît que les prédictions avaient été tristes ce jour-là; l'Impératrice paraissait vivement affectée.

En arrivant, sa fille ne put s'empêcher de faire cette réflexion, qu'il était fort heureux pour mademoiselle Lenormand d'être venue à Fontaine-bleau ce jour-là plutôt que la veille; car elle aurait couru le risque de rencontrer l'Empereur au château, et peut-être, en la voyant, lui aurait-il pris fantaisie d'exécuter la menace qu'il lui avait déjà faite de l'*envoyer à Bicétre*.

« Après une heure d'entretien, rapporte madame de Saint-Leu, maman me dit d'un ton mélancolique :

« Tu pars déjà, Hortense ?

— » Ma chère maman, je suis extrêmement fatiguée, et mon fils m'inquiète. Je reviendrai demain.

— » Oui, va-t-en; tous mes amis s'écartent de moi, afin de laisser plus de place à la mort qui s'avance.

— » Ah ! quelle idée ! chassez-la , elle vous fera mal..... Est-ce que par hasard votre sorcière vous aurait fait cette prédiction ? Elle repose, comme toutes celles qu'elle vous a faites, sur des mensonges.

— » De qui me parles-tu? de mademoiselle Lenormand?..... Il y a un siècle que je ne l'ai vue. »

» Ici maman me faisait un de ses petits mensonges flagrans : je ne voulus pas lui dire que je venais de la rencontrer au moment où j'arrivais, et je me contentai de lui répondre :

« C'est différent; je le croyais.

— » Je sais ce que je dis, ma chère enfant; mes jours sont comptés; ils doivent finir avec la prospérité de la France.

— « Ah! ma chère maman, vous me tranquillisez.

— » Tu crois?

— » Oui, vous vivrez encore long-temps. »

» Nous parlâmes un peu du passé. Elle jeta un regard pénible sur l'avenir. Enfin, après l'avoir tendrement embrassée, je pris congé d'elle.

» Une chose que j'ai remarquée, c'est que les pressentimens de ma mère l'ont rarement trompée; et ceci peut en être la preuve.

3.

» Le lendemain, me trouvant entièrement re-
mise de mes fatigues, je montai en voiture, et
j'arrivai à Fontainebleau à quatre heures, dans l'intention de dîner avec maman et de lui consacrer
le reste de la soirée. Je la trouvai extrêmement
abattue, le visage altéré; je vis qu'elle avait
pleuré.

« Fouché sort de chez moi, me dit-elle.

— » Fouché!

— » Lui-même. Devine ce qu'il a osé me
dire?..... C'est un monstre que cet homme!

— » Qu'y a-t-il donc?

— » Il m'a dit qu'il me fallait donner à la
France et à Bonaparte un grand témoignage de
dévoûment; que l'Empereur devait après lui laisser des enfans qui pussent le remplacer et donner
au pays une dynastie qui ôtât aux Bourbons
toute espérance de retour.

— » Mais, enfin, maman, où en voulait-il
venir?

— » Eh bien! il a ajouté que j'étais le seul obstacle, sous ce rapport, à la consolidation de l'Empire, et que c'était une occasion de me montrer

plus grande que l'Empereur n'était grand lui-même, en m'imposant un généreux sacrifice.... Il m'a enfin prononcé le mot divorce!......

— » L'Empereur ne le consommera pas. Je connais trop son attachement pour vous.

— » Tu te trompes, Hortense; mais laisse-moi finir..... Fouché m'a donc dit que l'histoire me tiendrait compte de ce sacrifice à la patrie; que mon dévoûment passerait à la postérité, et que ma place y serait marquée au-dessus des femmes les plus illustres qui aient occupé les trônes du monde.

— » Oui, je le reconnais bien là avec ses grandes phrases; et que lui avez-vous répondu?

— » Je fus si déconcertée de ce discours, que je ne pus trouver une parole. Cependant je lui dis que je réfléchirais, et que dans quelques jours je lui donnerais une réponse...; mais il l'attendra long-temps.....Voyons, conseille-moi donc, ma chère enfant, car je n'ai que toi; que penses-tu de tout cela?

— » Hélas! ma chère maman, je ne sais;

mais il y a quelque chose de bien affreux là-dessous.

— » Penses-tu que Fouché ait été envoyé par Bonaparte, et que mon sort soit déjà décidé ?

— » D'après ce que vous me dites, je le crains.

— » Eh bien, moi, j'en ai la certitude. Descendre du trône est peu de chose ; qui sait plus que toi combien j'y ai répandu de larmes ? mais perdre en même temps l'homme à qui j'ai consacré mes plus chères affections ! Tiens, ce sacrifice est au-dessus de mes forces ; je n'y survivrai pas…. J'en mourrai. ».

» Je pensais avec ma mère que Fouché avait été envoyé par l'Empereur ; cette étrange nouvelle me surprit plus qu'elle encore peut-être. Il ne fallait pas beaucoup réfléchir pour être convaincu que, soit que cette étrange proposition eût été faite par ordre de mon beau-père, soit que Fouché voulût avoir la gloire d'opérer une telle combinaison, elle présentait trop d'avantages à nos ennemis pour être abandonnée, et que le sacrifice serait consommé.

« Ma chère maman, le seul conseil que je puisse vous donner, c'est de ne vous ouvrir sur cette confidence à qui que ce soit, et de voir venir l'Empereur.

— » Je crois que tu as raison; il faudra bien qu'il m'en parle; et certainement je me garderai de lui en parler la première. »

Ce conseil convenait à l'Impératrice; elle le suivit. Mais la catastrophe ne devait pas tarder à éclater.

Le comte Regnault avait écouté ce que lui avaient dit Joséphine et Eugène, et, après avoir envisagé l'affaire sous toutes les faces, il fut d'avis qu'il y avait plus de gages pour l'avenir de l'Empire dans l'adoption du fils de l'Impératrice que dans celle d'un de ses petits-fils. Il fallait (selon lui), pour succéder à l'Empereur, un homme connu de l'armée; Eugène l'était; et cette considération lui fit surmonter la crainte qu'il avait de déplaire à ce prince, du moment où la reine de Hollande serait instruite qu'il avait agi, en travaillant pour son frère, contre le seul enfant qui lui restât.

Une fois cette résolution prise, Regnault chercha l'occasion de rompre la glace ; elle ne tarda pas à se présenter.

L'Empereur venait d'arrêter avec lui un travail important sur la nécessité de consolider une foule d'institutions dont les avantages ne pouvaient être sentis qu'après un laps de temps considérable. Parler de stabilité à l'Empereur, c'était le placer sur son terrain favori.

» Mais, sire, dit Regnault, où sera, après Votre Majesté, l'homme capable de comprendre tant de hautes conceptions, et surtout de les exécuter ?

— » Ah ! répondit l'Empereur, cet homme est à former ; je le sens bien. *Il est peut-être à naître ; on verra.*

— » Pensez-vous, sire, qu'un enfant élevé au sein des grandeurs puisse rallier tous les Français et contenir les étrangers ?

— » Je sais qu'on n'improvise pas un souverain.

— » Heureusement, le choix que Votre Majesté a déjà fait d'un fils adoptif dans la force de l'âge, et dont les talens et la bravoure..... »

Ici, l'Empereur devinant tout d'abord où l'adroit négociateur voulait en venir, l'interrompit, et, allant droit au but....

— « .... Eugène ! n'est-ce pas ? Il voudrait être mon successeur !.... Cela est impossible. Les constitutions sont là !

— » Sire, toutes laissent à Votre Majesté le droit de désigner son successeur ; et quand elles s'y opposeraient, qui oserait contredire la plus sage, la plus importante des volontés de Votre Majesté ?

— » Comte Regnault ! je ne me soucie pas d'un fils qui n'est pas le mien, à vrai dire, si apte et sitôt prêt à recueillir mon héritage.

— » Sire, les grandes qualités du vice-roi vous sont connues ; Votre Majesté a pu apprécier.....

— » Oui, oui, répliqua Napoléon. Je connais Eugène mieux que personne. C'est le plus soumis des enfans ; mais qui sait..... Bien des gens seraient intéressés à le voir régner à ma place... *Je veux que l'Empire passe à des enfans nés de mon sang ;* ils attendront, ceux-là, sans impatience, bien assurés qu'il ne pourrait leur échapper. »

Regnault ne crut pas devoir insister davantage; il alla rendre compte de cet entretien à Joséphine, en lui cachant néanmoins l'envie que l'Empereur avait de se perpétuer dans sa propre race.

De son côté, l'Empereur n'oublia pas ce que son conseiller-d'état lui avait dit. Il devina sans peine que celui-ci n'aurait pas osé lui proposer Eugène pour successeur sans que cette pensée lui eût été suggérée par l'Impératrice ou par sa fille. Il en fut mécontent, et nous ne serions pas éloignés de croire que ce fut pour l'en punir, qu'il exigea qu'Eugène assistât et parlât même à la séance solennelle du sénat où le divorce fut consommé. Eugène reçut cet ordre avec un vif dépit. Il essaya vainement de faire revenir l'Empereur sur un ordre auquel il lui était si pénible de se soumettre. L'Empereur tint bon : le prince, obligé à cet acte douloureux, chercha vainement les expressions convenables au discours qu'il devait prononcer dans cette triste occasion ; il eut recours à Regnault, et ce fut ce dernier qui lui fit son discours.

J'ai toujours pensé que tout était conclu avec l'Autriche lorsque l'Empereur fit venir d'Italie le prince Eugène pour consoler sa mère au moment fatal de son divorce. Peu de jours après son arrivée, il le fit mander dans son cabinet, ainsi que sa sœur, et là, prenant la parole avec toute l'apparence de la tristesse la plus vive, il leur confia ses projets de divorce, sans leur parler de ceux relatifs à son mariage avec Marie-Louise. Il leur témoigna combien il lui était pénible de se séparer de leur mère, qui méritait si bien sa tendresse; mais sa position, leur dit-il, exigeait qu'il immolât les plus chères affections de son cœur aux intérêts de son peuple. Il les conjura ensuite de rester toujours unis, leur assurant que l'hymen qu'il *pourrait* contracter ne changerait rien aux sentimens qu'il avait toujours eus pour eux, et qu'il ne s'en occuperait pas moins d'agrandir encore leur fortune.

Le lendemain, l'Empereur fit encore appeler la reine de Hollande, mais cette fois toute seule, désirant que la meilleure amie de sa femme pût rendre moins amer le breuvage qui devait lui être présenté ; il avait pensé à sa fille :

« La nation a tant fait pour moi et pour ma famille, que je lui dois ce sacrifice qu'elle exige. Son repos et son bonheur veulent que je choisisse une nouvelle compagne. Depuis six mois Joséphine vit dans les tourmens de l'inquiétude. Tout sera terminé bientôt. C'est vous, Hortense, qui avez su mériter le mieux sa confiance ; elle vous aime peut-être plus que sa vie : voulez-vous préparer votre mère à sa nouvelle destinée ? vous me soulagerez le cœur d'un bien grand poids.

— » Sire, lui répondit-elle, les larmes aux yeux, c'est justement à cause de la confiance que m'accorde ma malheureuse mère ; c'est parce que je sais qu'après Votre Majesté et le sentiment de tous ses devoirs, c'est mon frère et moi qu'elle chérit le plus au monde, qu'il m'est impossible de me charger d'une telle mission. L'admiration, le respect et l'attachement que j'ai voués à Votre Majesté ne vous donnent, sire,

aucune raison plausible pour me choisir de préférence. Permettez-moi de prendre la liberté de
dire à Votre Majesté qu'il est plus convenable,
plus dans la nature, de donner un tel ordre à
quelqu'un qui soit dans une position moins délicate pour annoncer une semblable infortune.

— » Hortense, vous me refusez donc?

— » Sire, je ne puis consentir à plonger le
poignard dans le cœur de ma mère. »

L'Empereur ne parut point s'offenser de ce
refus et la congédia tristement en lui disant :
« En ce cas, je verrai Eugène, quand tous ceux
que j'attends seront arrivés. »

Il faut qu'on sache que Napoléon, à son retour de Vienne, avait décidé dans sa politique
que tous les souverains se rendraient à Paris à la
fin de l'automne. Le véritable motif de cette
réunion de têtes couronnées n'était encore connu
que de peu de personnes dont la discrétion devait lui être garantie. Louis était du nombre de
ceux qu'on attendait; mais il paraît qu'il se
montra peu disposé à quitter la Hollande, tant
il avait la crainte de n'y plus revenir. Il ne con-

naissait pas encore, d'ailleurs, d'une manière officielle les intentions de son frère; puis sa femme était à Paris, et Louis n'aurait pas aimé à se trouver aussi près d'elle, quoique ce fût le seul moyen de voir le jeune prince royal qu'il aimait beaucoup. Enfin, Napoléon lui écrivit que sa présence dans la capitale était nécessaire : il n'y avait plus à reculer. Il annonça donc à ses ministres qu'il était mandé à Paris par l'Empereur et qu'il allait partir pour *obéir à ses ordres*.

Dans son âme et conscience Louis doutait plus que personne que son voyage fût heureux pour la Hollande; mais, quoique cédant à la nécessité, il ne voulut pas effrayer la nation, et, avant son départ, il eut de longues conférences avec ses ministres. L'intention du roi était de venir en France avec très-peu de suite, afin de laisser présumer qu'il n'y voulait pas rester longtemps; d'un autre côté les souverains avec lesquels il allait se trouver pouvaient s'y montrer avec tout le faste de la royauté : il n'était même pas de la dignité nationale que le roi de Hollande y figurât seul comme un simple particulier.

Son grand-maréchal lui en fit l'observation, mais Louis n'en tint aucun compte. Il partit donc d'Amsterdam, au commencement du mois de novembre, accompagné de M. de Roëll, son ministre des affaires étrangères, du grand-maréchal et d'un colonel de ses gardes. Le reste de sa maison ne se composait ensuite que de douze ou quatorze personnes entassées dans trois voitures qui avaient pris les devans.

La reine de Hollande occupait son hôtel de la rue de Cérutti, et elle ignorait l'arrivée de son mari à Paris. Toutefois, comme il n'avait pas fait prévenir de ses dispositions, et qu'il était tout naturel de penser qu'un mari descendît chez sa femme, tout son monde se rendit rue de Cérutti, où M. Jolivet, son intendant, déclara qu'il n'avait pas vu le roi ni reçu d'ordre. La reine envoya aussitôt à la légation de Hollande; Louis n'y avait encore rien fait dire : les officiers de sa maison ne savaient où le rencontrer, lorsqu'un chambellan de Madame vint lui annoncer qu'il était descendu chez elle, la veille.

Quoique l'hôtel de Madame mère fût assez spacieux, il n'était pas facile d'y recevoir dix-huit ou vingt personnes de plus. Cependant Louis parvint à obtenir de sa mère quelques pièces où tout son monde fut placé tant bien que mal, le grand-maréchal n'ayant pour tout logement qu'une petite chambre à l'entresol, d'où on renvoya un cuisinier pour y loger ce dignitaire. Madame mère parut enchantée d'avoir son fils auprès d'elle, et, afin de vivre avec lui dans une plus grande intimité, il fut convenu qu'ils mangeraient ensemble; quoique le service de Louis fût bien moins considérable que le sien, elle ne voulut cependant pas souffrir qu'il *payât plus des deux tiers* de la dépense commune. On voit par cet arrangement de ménage jusqu'où pouvait aller la tendresse d'une mère pour un fils chéri. Qu'aurait-elle fait pour sa bru?

Le lendemain de son arrivée, Louis se rendit chez l'Empereur, qui l'accueillit fraternellement. Ce ne furent pas deux souverains en présence l'un de l'autre, mais deux frères, deux amis qui semblèrent se revoir avec un grand plaisir, après une longue séparation. Dans cette première visite, on ne parla aucunement d'affaires d'État. Louis aurait mieux aimé que l'Empereur abordât franchement la question qu'il ne gardât envers lui un silence qui semblait présager qu'il serait seulement informé de ce qu'on exigerait de lui et de la Hollande, sans daigner le consulter.

Le roi Joseph et le prince Eugène allèrent visiter plusieurs fois Louis; il fut un des souverains étrangers qui reçut à Paris le moins de ces visites de corps, de ces félicitations d'étiquette aussi ennuyeuses à ceux qui les rendent que fatigantes pour ceux qui les reçoivent. Il s'en applaudissait, disant à un de ses aides-de-camp, M. Bloys : « Autant j'aimerais à revoir mes anciens amis, autant je suis peu jaloux de ces honneurs rendus à mon rang seulement : heureux celui chez qui les grandeurs n'étouffent pas le besoin de l'amitié ! » Louis sortait peu, dans le commencement de son séjour chez sa mère; mais il envoyait demander, de deux jours l'un, son fils, qu'il aimait beaucoup. On conçut l'espérance que peut-être il chercherait à se rapprocher de sa femme : on le désirait beaucoup en Hollande ; l'Empereur faisait tous ses efforts pour arriver à ce résultat. Et puis, la présence de la reine à la cour aurait étouffé tous ces bruits calomnieux que la méchanceté s'était plu à propager dans l'ombre. Les Hollandais n'aimaient pas, par un sentiment d'amour-propre national, que leur reine fût l'objet de sentimens défavorables. Mais cet espoir, loin de se réaliser, se perdit totalement lorsqu'ils apprirent que Louis et sa femme avaient formé, chacun de leur côté, une demande en séparation de corps. Un conseil, composé de la famille impériale, tenta en vain de les rapprocher ; on ne put parvenir à faire changer Louis de résolution, et, à dater de ce jour, la reine ne le revit jamais. Quoi qu'il en soit, Napoléon ne voulut jamais consentir à ce que cette séparation fût juridiquement prononcée.

CHAPITRE TROISIÈME.

—

1809-1810.

—

Le divorce de Napoléon et de Joséphine est annoncé
officiellement. — Anniversaire de la bataille d'Austerlitz. — Le roi de Wurtemberg. — Fête à l'Hôtel-de-
Ville. — Grand conseil tenu à Saint-Cloud. — Formalités de l'acte de divorce. — Séance au sénat. —
Joséphine à Malmaison et Napoléon à Trianon. —
L'Empereur fait choix d'une archiduchesse d'Autriche pour sa nouvelle épouse. — Pronostics fâcheux.
— Discussion à ce sujet. — Arrivée de Marie-Louise
à Compiègne. — Mariage de Napoléon. — Le clergé.
— Fêtes et réjouissances. — Départ de l'Empereur et
de la nouvelle impératrice pour la Belgique.

—

Dans les premiers jours de novembre 1809, le
bruit du divorce éclata enfin dans Paris. On savait déjà que le sénat devait s'assembler le 16,

pour prononcer sur le fait de la dissolution du mariage de l'Empereur. Cambacérès avait reçu la triste mission de présider cette séance, à laquelle devaient assister les princes Joseph, Louis, Jérôme, Murat et Eugène, en qualité de sénateurs, placés ainsi au niveau des simples sujets de l'Empereur.

Le 3 décembre on célébra l'anniversaire du couronnement et de la bataille d'Austerlitz. Cette journée fut d'autant plus remarquable, que l'on vit réunis autour du trône impérial tous les souverains qui devaient leur sceptre à Napoléon. Là parurent les rois de Bavière, de Saxe, de Wurtemberg, d'Espagne et de Naples; celui de Hollande ne fit qu'une courte apparition. Tous se rendirent à Notre-Dame pour entendre le *Te Deum* que l'on y chanta en actions de grâces. Chacun d'eux y arriva à son tour, et Napoléon n'y vint que le dernier. Des places leur avaient été réservées dans le chœur, et, pour y parvenir, ils dûrent passer, non par l'entrée principale, mais par celle des bas-côtés. Tous se soumirent à cette distinction. Une balustrade fort basse fermait le passage réservé seulement à l'Empereur et à l'Impératrice.

Le roi de Wurtemberg arrive; il marche droit à la barrière interdite :

« Sire, lui dit un des aides des cérémonies, Votre Majesté ne peut passer ici : il lui faut tourner à droite, et là, au 8ᵉ pilastre, elle trouvera l'escalier qui la conduira à la tribune qui lui est réservée.

— » Oh ! oh ! dit le roi en affectant une intrépide bonhomie, ils auront fait l'escalier trop étroit pour moi ; j'aime mieux ce chemin, accoutumé que je suis à ne pas passer partout. »

Et, malgré son ventre énorme, il jeta sa jambe par-dessus la barrière et la franchit lestement, au grand désappointement de l'aide des cérémonies, qui tremblait que l'Empereur n'entrât à Notre-Dame au moment même de l'infraction.

L'embonpoint de ce bon et brave monarque était réellement si extraordinaire, et il surprenait tellement ceux qui le voyaient pour la première fois, qu'à la cour de Wurtemberg, quoique l'on en prévînt les personnes qui devaient lui être présentées, il leur était presque impossible de retenir un mouvement involontaire de stupéfaction.

« Je n'oublierai jamais, disait madame de Saint-Leu, l'impression que j'éprouvai la première fois que je le vis à Munich, en 1806, à l'époque du mariage du prince Eugène. »

Dans la soirée, la ville de Paris donna une fête à l'Empereur, qui vint dîner avec l'Impératrice, toute la famille impériale et les souverains à l'Hôtel-de-Ville. Chacun put, en cette occasion, s'apercevoir du poids cruel qui pesait sur le cœur de Joséphine. Elle ne prit aucune part à l'allégresse générale. Le public ignorait encore la cause de sa profonde douleur ; vainement chercha-t-elle à la dissimuler. Il était facile de voir dans ses yeux éteints, dans son sourire mélancolique, qu'un chagrin mortel la dévorait.

Napoléon avait bien pensé à faire lui-même une première communication *officielle* à sa femme, mais il n'avait pas osé, craignant les suites de sa sensibilité. Ce fut donc Eugène qui, sur le refus de la reine de Hollande, en parla sérieusement à sa mère, et l'amena peu à peu à ce grand sacrifice; il se conduisit, dans cette occasion, en bon fils et en homme aussi reconnaissant que dévoué à son bienfaiteur, en lui évitant des explications douloureuses avec une compagne dont l'éloignement devait être aussi pénible pour l'un que pour l'autre.

L'Empereur, après avoir d'avance réglé tout ce qui était relatif au sort de Joséphine, pressa le moment de cette séparation, parce qu'il souffrait de la position délicate dans laquelle ils se trouvaient tous deux.

Le lendemain du jour où le message de l'Empereur avait été porté, lu et développé au sénat, il y eut, le soir, dans les grands appartemens, une réunion de hauts personnages dont l'entremise était nécessaire dans cette circonstance. Toute la famille impériale y assista avec l'archichancelier, M. Regnault de Saint-Jean-d'Angely, et la plupart des grands dignitaires et officiers de la couronne. Là, l'Empereur fit à haute voix la déclaration du projet qu'il avait formé de rompre son mariage avec Joséphine, qui était présente; et l'Impératrice, de son côté, fit la même déclaration en fondant en larmes. L'archi-chancelier ayant fait donner, par un secrétaire d'Etat, lecture de l'article du code, en fit l'application au cas présent, et déclara leur mariage dissous.

Les sœurs de l'Empereur, en apprenant cette nouvelle, furent vivement contrariées. Si, d'un côté, elles voyaient avec plaisir l'abaissement de la famille Beauharnais, avec laquelle elles avaient été presque toujours en rivalité; de l'autre, elles redoutaient la venue d'une épouse jeune et belle, sans doute d'une naissance illustre, et dont la fierté les écraserait. L'avenir ne leur offrant pas des chances trop heureuses, il ne leur fut pas difficile de feindre une tristesse qui commençait à s'élever réellement au fond de leur âme.

Les gens qui observent tout remarquèrent que dans cette journée, ainsi que dans la nuit qui la suivit, une horrible tempête éclata sur Paris. Des torrens de pluie, un ouragan impétueux, d'effroyables coups de vent portèrent l'épouvante dans les esprits; on eût dit que le Ciel voulait manifester son opposition à l'acte qui détruisait le bonheur de la malheureuse Joséphine.

Les formalités de ce grand acte une fois remplies, l'Impératrice prit congé de l'Empereur. D'après des arrangemens convenus d'avance, elle partit le jour même pour Malmaison, où sa fille l'accompagna. De son côté, l'Empereur alla le lendemain s'établir au Petit-Trianon, ne voulant pas rester seul dans cet immense château des Tuileries, encore trop plein des souvenirs de la pauvre Joséphine. Elle descendit du rang suprême avec une résignation angélique, en disant qu'elle était dédommagée de cette perte par la consolation d'avoir obéi à la volonté de l'Empereur. Elle avait quitté la cour, mais les cœurs ne la quittèrent pas. Pendant plus de huit jours, la route de Paris à Malmaison ne fut qu'une procession d'allans et venans, malgré la mauvaise saison, chacun regardant comme un devoir de s'y présenter au moins une fois. De son côté, Napoléon fit ce qu'il put pour s'accoutumer à être seul ; il envoya tous les jours à Malmaison savoir des nouvelles de Joséphine, et sans ses graves occupations, il y serait venu lui-même.

Il y avait à peine quelques jours que l'Empereur était à Trianon, qu'il y tint un conseil particulier, où furent appelés, outre ses grands officiers et les ministres, les membres de sa famille. Il exposa d'abord les motifs qui le décidaient, pour l'avantage de l'Empire, à chercher dans une autre union l'espérance, perdue depuis longtemps, de se donner une postérité directe. Il fit entendre ensuite qu'il était maître de choisir cette nouvelle épouse soit dans la maison d'Autriche, soit dans la maison de Russie, soit enfin dans les maisons souveraines de l'Allemagne. Tous ceux qui faisaient partie du conseil, probablement instruits de la secrète détermination de l'Empereur, donnèrent leur assentiment au choix d'une princesse autrichienne. Le prince Eugène fut de cet avis, apportant pour principal motif la religion catholique dans laquelle l'archiduchesse était née. Murat se prononça pour une princesse russe, et motiva son opinion sur l'avantage que présentait cette union avec le souverain le plus puissant de l'Europe et le plus éloigné de la France; il combattit l'alliance de l'Autriche par tous les souvenirs de l'histoire et les leçons d'une triste expérience.

« Une alliance de famille, ajouta-t-il, n'a jamais donné à la France que des aubaines fâcheuses; elle sera obligée de supporter toutes les fautes de ce gouvernement, et d'en partager les pesans et dangereux fardeaux.

— » Bast ! dit l'Empereur, les souverains n'ont point de parens lorsqu'il s'agit de leurs intérêts !

— » Je parie, reprit Murat, que si jamais nous avons besoin de l'Autriche comme alliée, nous ne trouverons en elle ni énergie, ni ressources, ni fidélité.

— » Préventions que tout cela ! dit l'Empereur.

— » Soit, reprit Murat; mais au moins Votre Majesté sera-t-elle forcée d'avouer qu'une alliance avec la Russie ne nous présente aucun des dangers que je viens de signaler. »

Ces observations, toutes sensées qu'elles étaient, toutes justifiées qu'elles furent par la suite, ne purent rien contre une résolution arrêtée. La détermination de l'Empereur était alors si bien prise, que le motif de la discussion ne dut avoir sa source que dans un sentiment de vanité auquel il n'était peut-être pas tout-à-fait étranger, et dans un but de politique que l'on n'a jamais bien su démêler.

Quoi qu'il en soit, l'hiver se passa assez gaîment aux Tuileries, en bals masqués, en spectacles et en concerts. L'Empereur avait recommandé lui-même que l'on procurât le plus de distractions possible aux princes et princesses qui avaient quitté leurs petits Etats; il avait pris un soin particulier de tout ce qui concernait chacun; mais à la fin de janvier 1810, tous ces princes étant retournés chez eux, il ne resta plus à Paris que ceux des membres de la famille impériale qui devaient assister à la cérémonie du prochain mariage de l'Empereur avec Marie-Louise.

On était au commencement de février. Il n'y avait à cette époque de princesses en âge d'être mariées, dans les familles qui régnaient sur les

grands états de l'Europe, qu'en Russie et en Autriche; l'archiduchesse Marie-Louise et une de
ses sœurs étaient plus âgées que la sœur de l'empereur Alexandre.

Napoléon n'avait encore que quarante ans.
Marie-Louise était d'un taille élevée, et paraissait
d'une santé *robuste*; elle se présentait parée des
grâces qui accompagnent ordinairement la jeunesse : l'Empereur devait donc se livrer à toutes
les espérances que lui promettait cette nouvelle
union; et le 7 février les ambassadeurs respectifs
signèrent les clauses de ce mariage, qui eut des
suites si funestes pour la France et pour la famille
impériale.

L'Empereur partit le 20 mars suivant, accompagné de la plus grande partie de sa cour, pour
aller à Compiègne au - devant de sa nouvelle
épouse qui arrivait. Leur première entrevue eut
lieu dans la forêt. La princesse, voyant sa voiture
s'arrêter, et un cavalier y entrer librement, re-
connut en lui l'Empereur. Elle voulut se mettre
à genoux, selon l'usage, pour le recevoir; mais
il s'y opposa avec vivacité, et la conduisit au

château, où, dès la nuit suivante, assure-t-on, il jouit de ses droits d'époux, M. de Ségur lui ayant donné l'assurance que Henri IV en avait usé de même avec Marie de Médicis quand il fut à Lyon au-devant d'elle, et que c'était d'ailleurs *selon le cérémonial*.

Le 3o du même mois le couple impérial quitta Compiègne, et arriva à Saint-Cloud, où l'on avait préparé une fête magnifique. Le temps parut y mettre obstacle ; mais vers les quatre heures de l'après-midi les nuages se dissipèrent, le ciel devint pur, et toute la population de la capitale put se porter à Saint-Cloud pour admirer des illuminations superbes, que celles de Paris surpassèrent encore le lendemain.

Ce même jour l'Empereur fit savoir à ses sœurs, et à la reine de Hollande particulièrement, que le lendemain, à la cérémonie du mariage, elles porteraient à tour de rôle la queue de la robe de la nouvelle impératrice. Cette décision, à laquelle les tantes de la reine étaient loin de s'attendre, les mit de fort mauvaise humeur. Il y eut même des paroles assez vives échangées entre elles et leur frère; mais enfin elles dûrent se décider à obéir. Quant à la reine de Hollande, il y avait long-temps qu'elle avait pris son parti.

Le 1er avril, vers les dix heures du matin, la pluie tombait par torrens; mais au moment où le canon annonça le départ de Leurs Majestés, soudain, et comme par un effet magique, les nuées disparurent, et le soleil brillant éclaira de ses rayons cette grande cérémonie. Le cortége arriva aux Tuileries par le jardin, mit pied à terre sous le péristyle du grand escalier, traversa les appartemens et la galerie du Louvre : celle-ci, décorée avec magnificence, était garnie, dans toute sa longueur, de trois rangs de gradins placés de chaque côté, où l'on admirait une multitude de femmes habillées avec autant de richesse que de goût; les hommes, tous en costume de cour, étaient derrière elles sur une espèce d'amphithéâtre; le milieu de la galerie était réservé pour le passage du cortége.

On devait croire que, dans ce jour, le bonheur de l'Empereur était partagé par toute sa famille : il n'en était rien. Les sœurs de l'Empereur se trouvèrent humiliées du rôle que leur frère leur faisait jouer. Porter la queue de leur souveraine était un affront que rien ne pouvait compenser : elles ne s'en cachèrent pas, et les assistans purent voir des larmes rouler dans leurs yeux. N'était-ce pas une singulière façon de célébrer un hymen ! Plus d'un témoin en tira de sinistres pronostics pour l'avenir.

La chapelle où devait être béni le mariage était placée dans le salon d'exposition, et décorée de draperies rouges et bleues d'assez mauvais goût; plusieurs rangs de tribunes y étaient réservées pour les dames présentées, les grands seigneurs étrangers et le corps diplomatique. En s'en approchant, Napoléon s'aperçut qu'il n'y avait qu'un très-petit nombre de cardinaux présens; il en éprouva un mécontentement qu'il ne déguisa pas, et qu'il témoigna même sur-le-champ d'une manière assez énergique.

Le lendemain, la foudre tomba sur ceux des princes de l'Eglise qui ne s'étaient pas rendus à l'invitation du grand-maître des cérémonies. Ces cardinaux furent exilés en différens lieux, et il leur fut défendu de porter l'habit rouge; on les désigna dès ce moment sous le nom de *cardinaux noirs*, à cause de la couleur de leur soutane de pénitence. Le seul cardinal Albani ne fut pas disgracié. Il dit à ce sujet, quelques jours après, à la reine Hortense : « Dès que l'excommunication n'a pas été fulminée en France par les évêques, elle doit y être regardée comme non avenue. Quant à moi, qui suis ici en qualité de prince étranger, j'ai accepté l'invitation de l'Empereur, et ne me suis pas mêlé du reste; quand même, ajouta-t-il en souriant, *je ne suis pas de la paroisse.* » La reine trouva ce cardinal fort raisonnable, et s'applaudit de ne pas être privée de sa société, qui était fort agréable.

Le soir du jour du mariage eurent lieu des illluminations telles que n'en ont pu voir les siècles passés, et dont on n'égalera jamais la magnificence. Chaque maison particulière rivalisait de splendeur avec les édifices publics. Une foule immense circulait lentement dans le jardin des Tuileries et sur les quais qui l'avoisinent; la rivière elle-même était chargée de batelets ornés de feux de couleurs et remplis de chœurs de musique. Nul accident ne troubla cette fête, tant l'autorité avait été soigneuse à tout prévoir. Une seule voiture, que nulle suite n'accompagnait, circula dans la soirée autour du château des Tuileries : elle renfermait les deux époux en costume de ville. La nouvelle impératrice dut nécessairement concevoir une grande idée de la France en la voyant d'abord sous un pareil aspect.

A la fin de mars, l'Empereur et Marie-Louise partirent pour la Belgique, qu'ils visitèrent dans le plus grand détail. Déjà la nouvelle impératrice pouvait juger le peuple français ; elle était reçue partout avec enthousiasme, et devait facilement s'accoutumer à un pays où tout ce qu'elle voyait lui donnait l'espérance d'un heureux avenir.

—

CHAPITRE QUATRIÈME

1810.

—

Retour de l'Empereur et de l'Impératrice à Saint-Cloud. — Savary est nommé ministre de la police en remplacement de Fouché. — L'esprit des journaux et les journalistes. — Mesdames Campan et de Genlis. — MM. Esmenard et Delille. — Le bal du prince de Schwartzemberg. — Napoléon et le jeune auditeur au conseil d'état. — Incendie et désastres. — Dangers que court la reine Hortense. — Le prince Kourakin. — Vingt morts et deux cents blessés. — Spectacle à la cour. — Sagesse et économie que Napoléon apportait dans ses dépenses d'intérieur.

—

L'Empereur et l'Impératrice Marie-Louise revinrent à Saint-Cloud le 1er juin. Dans la même semaine le duc de Rovigo fut nommé ministre

de la police générale en remplacement de Fouché, destitué et exilé à son gouvernement de
Rome. C'était, en vérité, se débarrasser d'un tel
homme d'une manière trop honnête.

M. Savary était loin de posséder l'esprit supérieur de celui qu'il remplaçait ; on ne pouvait
même lui en accorder beaucoup ; mais il était
rempli de zèle ; il aimait son maître, et l'aimait
en séide : courageux sur un champ de bataille,
mais peu propre aux travaux administratifs, il
introduisit dans son ministère cette obéissance
aveugle qui n'admet pas de réflexions. Aussi
joua-t-il de malheur.

Ce nouveau ministre qu'éblouissait peut-être
un peu trop le faste des grandeurs et le prestige
de la représentation, crut qu'il arriverait à être
grand et puissant s'il avait une cour, des journalistes. Il s'imagina que, pour mettre à profit les
traditions de son prédécesseur, il lui suffirait de
ménager le faubourg Saint-Germain, sans pour
cela dépouiller sa police de tout ce qu'elle avait
d'âpre et de brutal. Il crut, en un mot, qu'il for-
merait l'esprit public de l'Empire comme madame

Campan et madame de Genlis avaient formé les
mœurs féminines de la cour impériale à sa naissance. Alors s'organisèrent dans la salle à manger
du ministère les fameux déjeûners présidés par
le duc de Rovigo en personne, et où se réunissaient habituellement les publicistes à gages qui
correspondaient avec l'Empereur, et les rédac-
teurs du *journal de l'Empire* qui aspiraient à
obtenir des directions générales ou des préfec-
tures et à recevoir des gratifications. C'était là
que le ministre, excité par des traits d'esprit de
commande et par les fumées du vin de Champagne, intimait ses ordres sur la tendance que
chacun devait donner à la littérature de la semaine.

La direction de cette partie de la *morale* du
ministère était confiée à Esmenard, poète et
écrivain de beaucoup d'esprit, le même qui avait
fait cette pièce de vers à propos d'un bal où Napoléon avait obligé sa belle-fille de danser, tandis qu'elle était fort avancée dans sa première
grossesse. Esmenard, abusant bientôt de la su-
périorité de sa position, parvint à un grand

empire sur l'esprit du ministre en flattant ses passions. Jusqu'alors l'Empereur avait, en quelque sorte, respecté la propriété des journaux; M. Savary ne craignit pas de l'envahir. Ce fut ainsi que, par l'esclavage général des feuilles publiques, Napoléon se priva d'un des principaux leviers de l'opinion; de même qu'il prit en haine madame de Staël et l'exila : petite vengeance impolitique qui fit de la coterie de cette femme célèbre un foyer d'opposition permanente contre le régime impérial.

A l'époque du mariage, tous les poètes, tous les journalistes salariés par le duc de Rovigo se hâtèrent de célébrer ce grand événement. On dut citer dans ce nombre, d'abord M. Esmenard, ensuite MM. Parceval – Grandmaison, Baour-Lormian, Michaud et Soumet. Les chansonniers Chazet, Pain, Brazier et Désaugiers ne restèrent pas muets non plus; leurs *flons-flons* d'enthousiasme et d'amour étourdirent tout Paris. Une seule voix manqua à ce concours général, celle de Delille; de vives instances lui furent adressées. M. Savary lui aurait payé de grand cœur cent mille francs une pièce de cent vers : des honneurs, un titre, tout lui fut proposé; rien ne put vaincre sa résistance. L'Empereur eut connaissance de ces refus, comme on le pense bien, mais il n'enleva pas pour cela à Delille la pension qu'il avait au ministère de l'intérieur.

Le reste du mois de juin ne fut qu'une succession de fêtes plus brillantes les unes que les autres. Chaque ministre donna la sienne. Les plus remarquables furent celles qui eurent lieu à Neuilly chez la princesse Borghèse, à l'Hôtel-de-Ville et à l'École-Militaire : tous ces plaisirs furent terminés par une catastrophe épouvantable dont la reine Hortense faillit être une des victimes.

Le dimanche 1er juillet, le prince de Schwartzemberg, ambassadeur d'Autriche, voulut à son tour célébrer dignement le mariage de la fille de son souverain.

L'hôtel qu'il occupait était situé rue du Mont-Blanc, en face la rue de Provence.

Le prince avait envoyé des invitations à tout ce que Paris renfermait alors de plus distingué;

chacun ayant à l'envi brigué la faveur d'être admis à une réunion dont, à l'avance, on vantait la somptuosité. On vint là de toutes parts, la joie dans l'âme, sans prévoir que cette soirée brillante serait terminée par des scènes de mort et de deuil.

On avait construit dans le jardin une immense salle de bal, afin de pouvoir former une plus grande quantité de quadrilles, les appartemens ordinaires n'étant pas assez vastes pour contenir la foule des invités. Cette salle improvisée était toute en planches de sapin enduites de peintures à l'huile ; les plus riches étoffes d'or et de soie décoraient l'intérieur ; des guirlandes de fleurs artificielles, des draperies de mousseline et de gaze étaient suspendues au portique extérieur de ce temple élégant consacré à l'allégresse et au plaisir.

Des chœurs de musique se firent entendre dès que l'Empereur parut, et la fête commença....

On fut frappé de la gaîté qui régnait sur le visage de l'Empereur ; il allait partout, parlant à tout le monde, et grondant doucement ceux des jeunes invités qui ne dansaient pas. S'adressant à un auditeur au conseil d'Etat nouvellement nommé, il lui demanda pourquoi il n'avait pas fait un choix parmi les jeunes personnes qu'il voyait.

« Sire, je ne sais pas danser, lui répondit-il.

— » Tant pis, monsieur ; je veux qu'on soit utile, même dans un bal, quand on est attaché à ma personne. Prenez un maître ; je vous ordonne de venir danser chez moi au premier bal que je donnerai. » L'Empereur s'éloigna ensuite en riant sous cape de l'embarras du jeune homme. Jamais on ne l'avait vu de si belle humeur.

La fille d'un Vendéen fameux, mademoiselle de Bonchamps, en profita pour lui demander la permission de se décorer d'une croix chapitrale de chanoinesse que la comtesse Fanny de Beauharnais avait obtenue pour elle du prince primat. L'Empereur écouta de la manière la plus gracieuse la jolie suppliante, et lui accorda la petite faveur qu'elle sollicitait.

Les danses continuaient ; n'y prenant point part, et incommodée par la chaleur, qui était excessive, la reine de Hollande sortit de la salle, et passa dans le jardin, brillamment illuminé. Il pouvait être alors onze heures et demie ou minuit tout au plus.

Dans ce moment un vent léger s'élève ; il agite les draperies du portique extérieur ; un rideau de gaze, flottant au gré de la brise, va s'engager contre une girandole et s'enflamme. Un aide-de-camp du prince Berthier accourt, s'élance sur la colonne, atteint la draperie, l'attire à lui et croit l'arracher, mais elle se déchire, lui échappe, et met le feu à deux autres endroits. La reine Hortense vit cet accident ; elle en redoutait un plus grave. Tout-à-coup le feu se propage avec une rapidité inconcevable le long d'une guirlande de fleurs.

Le comte Dumanoir et M. de Trobriant essayèrent en vain de l'éteindre ; mais il gagne promptement les plafonds de papiers, et en moins de quelques secondes l'incendie, comme une traînée d'artifice, s'empare de la salle.

Aussitôt prévenu, le prince Schwartzemberg oublie son danger personnel, et, avec un douloureux courage, ne s'occupe que du salut de la famille impériale, qui se trouve heureusement promptement dégagée.

En une minute, et au silence de la consternation, succède ce cri terrible : *Le feu! au feu!...* On se précipite dans les autres salons, où l'on vient porter l'épouvante, en avertissant du péril ceux qui s'y trouvent. A ces clameurs effrayantes, la terreur devient générale. On songe à soi et à ceux qu'on aime; on veut fuir, on s'embarrasse, et la flamme, se communiquant à l'intérieur, menace de tout détruire; les glaces éclatent à la fois avec des craquemens épouvantables.

Marie-Louise se trouvait en ce moment séparée de l'Empereur; il lui aurait été facile de se sauver seule; mais, par un héroïsme dont elle n'a donné que cette preuve, elle se tourne vers le trône, y monte et attend Napoléon avec une tranquillité apparente : celui-ci accourt vers elle, la prend par le bras avec vivacité, et, précédé de quelques-uns de ses officiers, parvient à l'arracher à une mort presque certaine. Une fois parvenu dans la cour, il fait avancer une voiture et part avec elle. Arrivé à la place Louis XV, il descend en donnant l'ordre de conduire l'Impératrice à Saint-Cloud, et revient en toute hâte à l'hôtel de l'ambassadeur, afin de contribuer par sa présence à l'efficacité des secours.

Mais il n'était plus possible de remédier au mal; quelques minutes avaient suffi pour tout consumer. Cette frêle construction avait été anéantie avant que les pompiers pussent arrêter les progrès de l'incendie.

Placée assez près de la porte du jardin lorsque le feu s'était manifesté, la reine de Hollande put facilement sortir une des premières. A peine était-elle au coin de la rue de Provence qu'elle entendit tomber avec fracas la toiture enflammée; des cris de douleur et d'effroi se mêlèrent à cette scène d'horreur. La foule, qui se pressait et continuait à s'étouffer par ses propres efforts, rendait la sortie plus difficile; le parquet de la salle ne put y résister; il s'entr'ouvrit, et des

victimes sans nombre y furent écrasées et dévorées
par le feu qui les enveloppait de toutes parts;
Dans le jardin, que de cris ! que de larmes !....
la mère appelait sa fille, les femmes leurs maris,
les sœurs leurs frères : des plaintes déchirantes
étaient les seules réponses à tant d'angoisses et
de douleur. Les flammes venaient de dévorer ce
lieu, naguère semblable à un palais enchanté et
renfermant tout ce que l'Europe avait de grâces
et de beauté.....; lorsque tout-à-coup, au milieu des débris enflammés, et lorsque tout était
silencieux comme la mort, on vit s'élancer une
femme jeune et belle, couverte de diamans,
poussant des cris douloureux, des cris de mère...
Cette désolante apparition fut rapide comme l'é-
clair. Elle n'était déjà plus, cette belle princésse
de Schwartzemberg....., et sa jeune famille était
dans le jardin à l'abri de tout danger !

La présence de l'Empereur, ses ordres, les secours qu'il fit donner à ceux qui survécurent à
de graves blessures, contribuèrent à sauver quelques victimes. Le prince Kourakin, vivement
pressé dans la foule, accablé de lambeaux en-

flammés qui tombaient sur lui, ne dut la vie qu'à son habit d'étoffe d'or sur lequel les brulots glissèrent. Il n'en fut pas moins grièvement blessé et en proie pendant trois mois à des souffrances cruelles.

Une fois rassuré sur le sort de la famille impériale, le prince de Schwartzemberg se livra à toute sa douleur, après avoir fait tout ce qu'il était humainement possible de faire pour sauver les personnes qui étaient en danger ; de grosses larmes coulaient de ses yeux : il fut tellement occupé des malheurs des autres, qu'il ne voyait pas sa famille réunie autour de lui....; il ne voyait que ce qui lui manquait....: son infortunée belle-sœur..... Désolé, malheureux, autant qu'on le puisse être, il conserva toute sa vie un sentiment de tristesse et de mélancolie dont rien ne put le guérir. C'est alors qu'on se rappela avec effroi qu'en de pareilles circonstances les fêtes pour le mariage de Louis XVI, encore dauphin, furent changées en un deuil public, et l'on fut plus que jamais tenté de penser que la Providence réserve les plus grandes catastrophes pour les êtres les plus élevés en dignité.

Il faut le dire; dans cette douloureuse catastrophe l'Empereur se montra sous le jour le plus avantageux, par le zèle qu'il mit à secourir les victimes de cet événement déplorable. Il se multiplia et se montra partout.

Les accidens qu'occasiona cet incendie furent immenses. Parmi ceux qui en souffrirent le plus, on signala le prince Kourakin : il tomba sur les degrés de l'escalier; la foule passa sur son corps; il fut brûlé, meurtri, abimé, et pendant long-temps on désespéra de sa vie. Plus de vingt-cinq personnes trouvèrent la mort dans cette soirée. La princesse de Lalegen, nièce du prince primat, fut du nombre.

N'était-ce pas une chose horrible que de voir, dans ces jardins, des femmes étincelantes de diamans et dans la splendeur d'une parure somptueuse fuir le trépas qui les poursuivait ! Plus d'une se noya dans un bassin petit et peu profond, soit qu'elles y fussent tombées évanouies, soit qu'elles s'y précipitassent elles-mêmes pour échapper à la flamme qui s'attachait à leurs vêtemens. Pendant une heure on n'entendit que des cris d'angoisses, que des hurlemens de désespoir; et le lendemain les familles se comptaient, tremblantes de se trouver incomplètes. Le nombre des personnes blessées fut considérable; on le fit monter à plus de cent. Quelques-unes périrent plus tard des suites de leurs blessures, entre autres une famille composée de six personnes venue exprès de Bade, et dont il ne survécut qu'un seul individu. Aussi, que de cruels présages ne tira-t-on pas de cet événement désastreux! Hélas! ils ne se réalisèrent que trop!

Ce malheur, comme on le croira sans peine, abrégea les fêtes, qui se terminèrent là, quoiqu'il y en eût encore à donner. La foule des étrangers abandonna Paris, et de nouveaux événemens vinrent occuper les esprits.

Une fois l'hiver venu, on chercha aux Tuileries des amusemens plus paisibles, et ce fut principalement à des représentations dramatiques que l'on se divertit. Il ne se passait pas de soirée sans un concert, un ballet, une comédie ou un opéra, joué, soit dans la salle de spectacle,

soit dans les appartemens intérieurs. Ces réunions avaient un aspect de véritables féeries. Il
n'y avait rien au-dessus du coup d'œil enchan-
teur de la salle de spectacle le jour d'une grande
représentation. L'Empereur et l'Impératrice occupaient alors une loge richement drapée en
face du théâtre ; ils y étaient entourés de la famille impériale, des dames et des officiers de
leur maison. À droite étaient les ambassadeurs,
dans la loge qui leur était réservée ; à gauche
on voyait celle des ministres de France : tout
le reste de la vaste galerie servait à placer les
femmes, toutes parées de manière à rivaliser d'é-
légance et de richesse.

Tout ce que la France avait alors de grand,
tous les hauts fonctionnaires surchargés de cor-
dons et de plaques étincelantes, formaient le par-
terre. On admettait dans les secondes loges les
femmes étrangères à la cour, ainsi que les hommes non présentés, qui ne pouvaient assister au
spectacle qu'en habit habillé, c'est-à-dire à la
française, avec l'épée et le chapeau à plumes.
Des valets-de-pied circulaient sans cesse et

présentaient des glaces et des rafraîchissemens de toute espèce. Un silence profond régnait dans la salle, les applaudissemens étant interdits.

Le même luxe, la même pompe se faisaient remarquer dans les bals, où l'on venait souvent en habit de caractère : c'est là que se nouaient une foule d'intrigues plus drôles les unes que les autres, et dont les fils ne pouvaient être saisis par tout le monde. On cherchait le plaisir avec une espèce de fureur; on le rencontrait assez facilement dans ces réunions brillantes. Les étrangers invités y puisaient une grande sympathie pour la France, dont ils appréciaient la force et la richesse : nous savions alors également ordonner des fêtes et conquérir des royaumes.

Napoléon, que l'on s'est plu à montrer comme le plus sombre, le plus mélancolique des hommes, était, au contraire, fort gai dans l'occasion, et montrait une amabilité peu commune au milieu de cette foule enchantée. Il en donnait la preuve en se pliant à des délicatesses qu'au fond du cœur il devait mépriser. Mais s'il était affable envers les étrangers, ses premières prévenances étaient pour les Français, qu'il regardait comme liés à lui plus particulièrement, comme identifiés avec sa gloire, qu'il leur devait. Il prétendait que les autres nations eussent pour la France la vénération que celles de l'antiquité avaient pour Rome ; enfin, il voulait faire de son peuple un peuple roi.

Mais il portait en même temps un regard sévère sur l'intérieur de son palais ; il fallait que tout y fût grave, mesuré et soumis à l'étiquette. Tout se faisait avec une régularité extrême, avec une économie sage sans parcimonie, qui, au reste, n'enlevait rien à la magnificence du service et à la majesté du trône. Cette absence de toute dilapidation laissait à la liste civile le moyen de fournir aux ameublemens, aux décorations, aux embellissemens des demeures impériales, à d'immenses achats de tableaux et d'objets d'art. Elle permettait encore les encouragemens, les récompenses à donner à une foule de militaires, d'artistes, de littérateurs. Ces libéralités, au reste, n'avaient rien que d'honorable pour ceux qui en étaient l'objet. Nous ne crai-

6.

gnons pas de le dire, l'Empereur ne sera bien apprécié que lorsqu'on le comparera à ceux qui l'ont précédé et aux deux rois qui sont venus après lui. Seul il avait compris la véritable grandeur.

CHAPITRE CINQUIÈME.

—

1810.

—

—

A la douleur qu'avaient causée à l'Empereur les
suites du bal donné par l'ambassadeur d'Autriche,

se joignit bientôt le chagrin non moins vif que lui occasiona l'abdication de Louis qui renonça au trône de Hollande. Dès son arrivée à Paris, ce prince n'avait pas douté que Napoléon ne voulût réunir son royaume à l'Empire français, et à travers l'obscurité dont on l'avait environné dans cette affaire, il avait su distinguer les projets de l'Empereur.

Après avoir consulté son ministre des relations extérieures et quelques officiers de sa maison, Louis s'était décidé à retourner dans ses Etats, afin d'y prendre toutes les mesures nécessaires pour s'opposer, s'il était possible, à ce qu'il appelait de *sourdes menées*. Mais lorsqu'il fut sur le point d'effectuer son départ, il crut s'apercevoir que toutes ses démarches étaient observées et qu'on le gardait à vue. Il en acquit promptement la certitude par son grand-maréchal, à qui un des gendarmes d'élite déguisé avoua sa mission. Ce gendarme avait été soldat au 5e de ligne, tandis que le roi de Hollande en était colonel. Néanmoins, Louis feignit de ne pas s'apercevoir de cet espionnage, afin de pouvoir, sous l'apparence d'une grande sécurité, tromper ses surveillans.

Un autre moyen d'échapper aux gardes du ministre de la police lui avait été proposé par un de ses officiers : c'était de se déguiser, de sortir ensuite de l'hôtel par la porte de l'Orangerie, qui n'était pas gardée (elle était condamnée depuis long-temps, mais on pouvait aisément et discrètement l'ouvrir); de gagner ensuite la barrière de Flandre, et, en quarante-huit heures, avec de bons chevaux, de se trouver sur le territoire hollandais. Malheureusement Louis, quoique jeune encore, n'était plus ingambe; il marchait difficilement depuis une chute de cheval qu'il avait faite au camp de Boulogne; il boitait d'une jambe, et, en outre, il avait le bras droit paralysé par suite d'une affection rhumatismale. Il ne pouvait donc entreprendre une échappée de cette nature.

A la suite d'une entrevue assez orageuse qu'il eut avec son frère, l'intention de Louis avait été de quitter Paris sur-le-champ, n'importe par quel moyen, et de se rendre immédiatement en Hollande; mais Napoléon, qui l'avait deviné, le fit surveiller avec plus de sévérité encore, et les gendarmes d'élite qui s'étaient établis aux environs de l'hôtel de sa mère ne gardèrent plus l'incognito; ils déclarèrent même au grand-maréchal qu'ils étaient là, d'après les ordres de l'Empereur, pour accompagner le roi de Hollande partout où il lui prendrait fantaisie d'aller se promener.

Pendant cette espèce de captivité, et sans en prévenir Louis, le duc de Reggio prit possession des places de Berg-op-zoom et de Bréda, et Napoléon rendit un décret qui réunissait à la France tous les pays situés entre la Meuse, l'Escaut et l'Océan.

On concevra facilement que ces désagrémens éprouvés coup sur coup durent affecter sensiblement la santé de Louis, qui, déjà, n'était pas très-brillante. Aussi, quelques jours après, se trouva-t-il sérieusement malade et forcé de s'aliter. En Hollande, où tout se racontait avec exagération, le bruit courut que le roi était mort, et qu'en sa qualité de régente du royaume, la reine allait incessamment arriver à Amsterdam avec le jeune prince royal son fils. Cependant Louis triompha de sa maladie, qui n'était qu'une vive affection nerveuse, pendant laquelle un grand nombre de personnes de la famille impériale étaient venues le visiter. Son frère seul n'y était pas allé.

Un matin qu'on n'attendait nullement l'Empereur à l'hôtel de sa mère, où d'ailleurs il ne venait que très-rarement, tout-à-coup sa voiture entre dans la cour; elle n'avait été précédée que de quelques secondes par un piqueur. Aussitôt les officiers de Louis, quoique ignorant si l'Empereur allait chez sa mère ou chez son frère, s'empressèrent de venir à sa rencontre au pied du grand escalier, et l'Empereur, en le montant fort lestement, leur dit : « Comment va-t-il donc, Louis? est-ce qu'il est encore couché? » On le conduisit à son appartement.

« Eh bien ! lui dit-il, en s'approchant de son lit, tu es malade, et tu as de l'humeur ; cela ne vaut rien.

— » Je me porte beaucoup mieux.

— » J'en suis bien aise; mais je t'engage à te

purger : l'humeur est la source de toutes nos indispositions. »

Louis, qui sentit bien tout le piquant de l'apostrophe, jugea plus sage de ne parler absolument que de sa santé ; la conversation devint assez insignifiante, et il ne fut pas proféré un mot sur les débats qui existaient entre eux.

Napoléon, affectant beaucoup de gaîté en quittant son frère, lui dit :

« Il faut aussi chercher à t'égayer, à t'amuser un peu.

— » C'est à quoi je pense.

— » Fais comme moi ; va à la chasse, sors, enfin remue-toi.

— J'attends que mon indisposition, une fois calmée, me le permette.

— » Et tu feras bien. Allons, adieu ; je vais voir un instant ma mère. Quand tu te porteras bien, viens me voir. »

Et l'Empereur descendit chez sa mère, où il ne resta pas plus de temps que chez son frère, c'est-à-dire dix minutes. L'Empereur ne faisait jamais de visites plus longues.

Une fois que Louis fut en pleine convalescence, il voulut s'assurer par lui-même s'il était toujours aux arrêts. Il alla jusqu'à Neuilly voir sa sœur Elisa ; il lui sembla n'apercevoir autour de sa voiture que les gens de sa maison. Deux jours après il fut à Saint-Leu ; mais, à une distance assez éloignée, il aperçut des gendarmes d'élite qui, sans doute, lui servaient d'escorte, et lui firent juger qu'il ne devait pas aller plus loin.

Il est rare qu'on ne se lasse pas des choses que l'on a le plus vivement désirées, et la plupart des officiers qui avaient accompagné le roi en France, où ils avaient été enchantés de venir, étaient fatigués de leur séjour à Paris. Quelquefois la chose la plus simple, la plus innocente, tempère plus efficacement nos chagrins que tous les calculs de la raison. Qui croirait que les officiers hollandais de la maison du roi, lorsqu'ils n'étaient pas de service auprès de lui, éprouvaient un plaisir extrême à aller voir les cigognes du Jardin des Plantes ! La vue de cet oiseau compatriote calmait l'ennui de ces bonnes gens, et semblait les rapprocher de leur pays.

Enfin, Louis ayant à peu près consenti à tout ce que son frère exigeait de lui et de la Hollande, *les arrêts d'honneur* sur sa personne furent levés. Alors il donna l'ordre à toute sa maison de se rendre aussitôt à Compiègne, où la nouvelle impératrice venait d'arriver. Ce château, quoique d'une grandeur immense, ne put suffire qu'à loger la cour de France ; et dans les appartemens occupés par les souverains qui s'y trouvaient, chacun d'eux n'avait à coucher auprès de lui que deux officiers. Tous les autres se logèrent dans la ville.

On avait donné à madame Louis, dans ce château, un appartement particulier attenant à celui qu'occupait son mari ; circonstance assez extraordinaire, et qui, bien certainement, n'était pas l'effet du hasard. Mais cette louable intention ne servit à rien ; ils ne s'adressèrent même pas la parole, une seule fois, le peu de temps qu'ils habitèrent sous le même toit. Le 3o mars, en rentrant à minuit de chez son frère, Louis fait appeler son grand-maréchal, et lui dit qu'il veut partir à l'instant pour Paris. Celui-ci, sans demander au roi le motif d'un départ si précipité, fait commander la voiture, et à une heure du matin elle était à la porte du château, quand tout-à-coup on se vit dans l'impossibilité de partir. Le feu avait pris au château, et les flammes, s'échappant au milieu de la nuit, avaient jeté l'alarme dans toute la ville. Enfin, Louis ne se décida à partir que lorsque l'on se fut totalement rendu maître du feu.

Mais pour quelle raison ce prince voulait-il fuir si précipitamment au milieu de la nuit? On crut partout que ce départ n'avait eu pour motif que l'événement du feu. Mais l'ordre de partir avait été donné avant qu'il vînt à éclater!.... La reine ne connut le véritable motif de cette fuite nocturne que long-temps après. Louis avait voulu échapper à une réconciliation avec sa femme, réconciliation qui devait être tentée le lendemain matin par Madame mère et le prince Eugène. Hélas! ils étaient bien dans l'erreur : ignoraient-ils donc que tout rapprochement entre eux était désormais impossible !

Depuis que la mésintelligence ne régnait plus

entre Napoléon et son frère, ce dernier, quoique tourmenté par les grands sacrifices qu'on l'avait obligé de faire, menait une existence plus agréable ; il sortait davantage et donnait des dîners ; il avait assisté à toutes les fêtes qui avaient eu lieu pour le mariage de l'Empereur, et, à cette occasion, il avait fait la galanterie aux officiers de sa maison de leur donner des décorations enrichies de diamans. Son grand-maréchal fut le seul qui n'eut point de part à cette munificence. Cet oubli fut loin de flatter M. Roest, dont l'amour propre se trouva vivement blessé; il le considéra même comme une disgrâce, et il ne se trompait pas.

Avant de quitter Paris, le roi voulut gracieusement reconnaître quelques attentions dont il avait été l'objet ; il fit acheter un assez grand nombre de jolis bijoux pour être distribués aux personnes qui, pendant son séjour dans la capitale, lui avaient dédié des ouvrages ou témoigné du zèle : il donna à son grand-maréchal la liste de tous ceux qui devaient avoir part à cette faveur, et lui seul ne s'y trouvait pas compris.

Il est des gens qui, sous le voile d'une apparente modestie, cachent souvent des vues très-intéressées, et tel auteur ne choisit son *Mécène* parmi les rois que parce qu'il en espère de fastueuses récompenses. C'est peut-être ce qui détermina M. Méjean, le continuateur des *Causes célèbres*, à offrir son ouvrage à Louis; mais le cadeau du roi ne répondant pas à son attente, il jugea, sans doute, qu'on avait fait une méprise. Il avait reçu une boîte en écaille garnie en or, sur laquelle se trouvait un simple chiffre. Ce souvenir devait lui être agréable sans doute, mais il l'eût été bien davantage si le chiffre eût été en diamans. M. Méjean, aussi modeste que désintéressé, vint trouver le grand-maréchal, pour s'assurer si l'intention de Sa Majesté avait bien été de ne lui donner qu'une simple boîte : M. de Roest l'assura qu'il n'y avait point eu de méprise à son égard. Alors celui-ci s'imagina que son mérite n'avait pas été convenablement récompensé, et s'en plaignit assez hautement, tandis qu'un artiste très-distingué, auquel le roi avait donné un témoignage de son estime, avait refusé le cadeau qu'il lui envoyait, par la seule raison qu'il croyait n'avoir rien fait qui dût lui valoir cette marque de générosité. Ce rare exemple de désintéressement et de modestie était donné alors par M. Peyre, à qui l'on doit la colonne érigée sur la place Vendôme ; il refusa obstinément une très-belle montre avec une chaîne en or, en tâchant de persuader au chambellan qui la lui présentait qu'il le confondait avec quelque homonyme distingué, l'auteur de l'*École des pères*, par exemple.

Louis, ayant eu une dernière entrevue avec l'Empereur, retourna enfin en Hollande, où il était impatiemment attendu. Son arrivée y produisit une sensation d'autant plus grande, que l'on craignait de ne plus le revoir ! Sa présence causa une grande joie, surtout lorsqu'il imagina d'annoncer l'arrivée très-prochaine de la reine à Amsterdam ! Cette joie ne fut pas de longue durée. Les goûts de Louis pour la solitude ne purent long-temps s'accorder avec les agitations inséparables de circonstances aussi graves que celles dans lesquelles il se trouvait. Bientôt, effrayé de désordres qu'il regardait comme inévitables, et ne se sentant pas l'énergie nécessaire pour y faire face, il se laissa aller à ses inclinations naturelles : il se détermina donc à abdiquer en nommant sa femme régente. Mais ce n'était pas dans une monarchie aussi nouvelle que celle de Hollande qu'une reine, en quelque sorte étrangère, pouvait exercer une semblable souveraineté ; moins encore que son mari, la jeune reine était en état d'apporter quelque remède aux malheurs dont la perspective avait déterminé celui-ci à se retirer. A peine eut-il signé son abdication, qu'il partit d'Amsterdam incognito, passa par les Etats de son frère Jérôme, qui régnait fort tranquillement en Westphalie ; traversa la Saxe pour aller aux eaux de Tœplitz en Bohême ; puis, enfin, alla s'établir à Gratz en Styrie, où il vécut sans faste comme un simple particulier.

Napoléon, en apprenant cette nouvelle, sans que rien l'y eût préparé, entra dans une véritable colère ; il ne sut même pas d'abord ce que son frère était devenu ; il pensa qu'il était passé en

Angleterre, et il assuma sur sa tête la responsa-
bilité de tout ce qu'un pareil éclat pouvait amener de malheurs sur la Hollande. Heureusement
il n'en était rien. En cette circonstance, il dit à
Cambacérès : « Vous verrez qu'après avoir
comblé de biens toute ma famille, elle m'aban-
donnera, sans même me savoir aucun gré de ce
que j'ai fait pour elle. »

Il ne se trompait pas : la faiblesse du roi
Joseph amena la révolution du 31 mars 1814;
Murat le trahit ouvertement à Naples, et sa sœur
Elisa ne lui fut guère plus fidèle en Toscane.

CHAPITRE SIXIÈME.

1810-1841.

L'Empereur et le modiste Leroy. — Le bal de la ville.
— Les *six demoiselles*. — Un atelier de couture improvisé au château des Tuileries. — Boutade de Napoléon. — L'évêque de Bois-le-Duc. — Naissance du
Roi de Rome. — La nourrice de la duchesse d'Angoulême. — Refus récompensé par une pension. —
Voyage de Leurs Majestés à Cherbourg. — Baptême
du Roi de Rome. — Grande fête à la cour. — Toujours
de l'adulation. — MM. de Contades, de Croï, de Noailles et de Beauveau. — Mesdames de Bouillé, de Périgord, de Vergennes et de Colbert. — Sévérité d'étiquette.

Dès son retour de Belgique, Napoléon s'occupa
beaucoup de tout ce qui pouvait intéresser sa
nouvelle épouse et lui plaire : ce soin prouvait

une affection sincère. Il voulait que Marie-Louise fût la femme la plus élégante de la cour. Il eût désiré la voir vêtue plutôt avec goût qu'avec luxe, car il avait remarqué que dans les grandes cérémonies les habits de l'Impératrice ne l'emportaient pas toujours sur ceux de ses dames par l'élégance et la nouveauté. Il désira donc que Leroy, qui avait habillé si long-temps Joséphine, l'habillât à son tour ; l'occasion s'étant bientôt présentée de faire appeler cet habile modiste, il l'envoya chercher.

Il s'agissait du costume que Sa Majesté devait porter à un bal que la ville lui offrait le soir même : il n'y avait pas de temps à perdre. L'Empereur attendait. Le modiste arriva.

« Monsieur Leroy, il faut à l'Impératrice un costume de bal pour ce soir (Leroy baissa la tête sans répondre); pour ce soir, entendez-vous, monsieur Leroy ? ajouta Napoléon.

— » Impossible, Sire....

— » Comment, impossible ! » et l'Empereur fronça le sourcil : ce mot *impossible* n'était pas familier à son oreille.

« Oui, Sire, impossible.... Je n'ai pas encore eu l'honneur d'habiller S. M. l'Impératrice... je n'ai pas ses patrons.....

— » Eh bien ! vous ne pouvez avoir une meilleure occasion ; je tiens à ce que Sa Majesté soit habillée par vous : je le veux..... »

Le regard du modiste brilla d'un feu soudain ; il balbutia quelques phrases.... *La crainte de se compromettre... Le peu de temps qu'il avait à lui.... Il n'avait point encore eu l'honneur de voir Sa Majesté.....* L'Empereur continua :

« C'est vrai, monsieur Leroy..... On va vous conduire chez ma femme... Que vous faut-il ?.... Parlez.'... Ne perdons pas un moment. »

Leroy demanda la permission de consulter la première femme-de-chambre de l'Impératrice. Madame Ballant né tarda pas à venir.

« Madame, dit l'Empereur, répondez à M. Leroy, qui doit habiller ma femme.

— » Sa Majesté l'Impératrice, dit Leroy, a-t-elle une robe dont le corsage puisse me servir de modèle ? »

Madame Ballant répondit affirmativement.

« Allez-la che[illegible]tout de suite, » dit l'Empereur.

Le modiste se la fit remettre, et, après avoir témoigné le désir d'emporter chez lui toutes les pierreries dont le costume de Marie-Louise devait être orné, il se disposait à sortir, quand l'Empereur l'arrêta.

« Vous ne vous en irez pas, monsieur Leroy...., car l'Impératrice n'aurait pas sa robe ce soir.

— » Mais, Sire, il me faut *mes demoiselles*.

— » Faites-les venir ici.

— » L'étoffe ?

— » On va vous l'apporter.

— » Mes ateliers ?

— » Il ne manque pas de tables ici. » Et l'Empereur appela. Un chambellan parut.

« Voilà M. Leroy. Hommes et femmes, chevaux, que tout soit à sa disposition. Ne perdez pas un moment, monsieur Leroy ; je vous quitte.... A ce soir.... J'assisterai à la toilette de l'Impératrice. »

La présence de l'Empereur avait retenu le modiste dans les bornes du plus profond respect; il eût été facile d'observer qu'il modérait l'élan de son zèle; mais, dès qu'il fut libre d'agir, il disparut comme un éclair. Bientôt on le vit revenir au château avec *six de ses demoiselles.* L'atelier de couture improvisé fut visité par toutes les dames de Marie-Louise, qui demandait à chacune d'elles : *Avez-vous vu?..... Ça avance-t-il?* tandis que Leroy, les pinces à la main, disposait les pierreries et activait tout.

A cinq heures, l'Impératrice essaya sa robe, et quatre heures après elle paraissait sortir de la main des fées.

A dater de ce jour, l'Empereur nomma Leroy fournisseur de l'Impératrice; toutes les fois qu'il rencontrait le modiste, il ne manquait jamais de lui témoigner sa satisfaction de l'élégance et de la grâce qu'il avait introduites dans ses nouveaux atours.

Mais tandis que Napoléon s'occupait de parures et goûtait avec Marie-Louise les douceurs d'une paix intérieure à laquelle il n'était pas accoutumé, sa querelle avec le pape s'envenimait.

Le Saint-Père avait lancé contre lui une bulle d'excommunication qui fut apportée en France et fulminée secrètement à la porte de l'église de Notre-Dame par le zèle de M. d'Astros, qui aurait dû se tenir tranquille et surtout éviter de paraître devant l'Empereur et de protester de son dévoûment et de son *amour* (nous avons entendu ce mot). Ces querelles religieuses avaient exaspéré Napoléon. Un dimanche matin, au retour de la messe, il rencontre un groupe de prélats qui, dans la salle du trône, causaient des affaires du moment; il va droit à eux, et, leur adressant la parole : « Messieurs, leur dit-il, on vous appelait autrefois les princes de l'Eglise; mais depuis que vous obéissez avec tant de bassesse à un évêque de Rome, vous n'en êtes plus que les bedeaux. » Après ce propos, débité avec rapidité selon son usage, il jeta les yeux plus attentivement sur le cercle, et y remarqua l'abbé Van-Camp, prêtre hollandais qu'il avait nommé nouvellement à l'évêché de Bois-le-Duc. Il est à noter que depuis la Réforme le titre épiscopal de cette ville avait été éteint, et que l'Empereur l'avait rétabli de sa pleine autorité, sans en avoir conféré avec le pape, qui, justement dépité de ce mépris de ses droits, avait refusé l'institution canonique à l'abbé Van-Camp, ecclésiastique d'ailleurs très-respectable par ses lumières et ses vertus.

L'Empereur lui fit signe de s'approcher.

« Vous êtes l'évêque de Bois-le-Duc? lui dit-il.

— » Oui, Sire.

— » Comment va votre diocèse?

— » Je dirai à Votre-Majesté que je n'en sais rien.

— » Que voulez-vous dire?

— » Que je n'y ai pas encore mis les pieds, et que, par conséquent, je ne puis savoir ce qui s'y passe.

— » Vous avez eu tort, monsieur; allez-y dès demain : votre chapitre a dû nécessairement vous nommer évêque capitulaire?

— » Non, Sire.

— » Ah! ah! Et par quelle raison s'y est-il refusé?

— » Par une très bonne ; c'est qu'il n'y a pas de chapitre.

— » J'entends ; mais il y a des curés, un clergé ?

— » Oui, Sire.

— » Eh bien ! ils n'ont qu'à vous donner des pouvoirs.

— » C'est impossible ; ils ne peuvent donner ce qu'ils ne possèdent pas. D'ailleurs, les canons des saints conciles s'y opposent positivement.

— » Ah ça, qui donc gouverne le diocèse ?

— » Un vicaire apostolique.

— » Je n'en veux pas. Partez, et faites-vous obéir de vos subordonnés ; je ne veux pas dans mes Etats d'autorité étrangère. Partez, et que je sache que vous êtes à votre poste. »

L'Empereur termina là ce singulier dialogue, et alla plus loin chercher querelle à l'ambassadeur de Naples ; car, depuis le matin, il n'avait cessé de se montrer de mauvaise humeur. Sa sœur vit M. Van-Camp après la sortie de Napoléon, et lui demanda si son intention était de se rendre en Hollande : « Comment voulez-vous, madame, que je me rende dans un prétendu diocèse où il n'y a pas un seul ecclésiastique qui veuille me reconnaître pour son évêque? cela est impossible. Je n'étais obéi que de mon secrétaire; eh bien! avant-hier, il m'a donné sa démission motivée sur ce que j'avais mangé, un jour maigre, un plat d'asperges au beurre de préférence à l'huile. »

Le 20 mars 1811 tout Paris, instruit, dès la veille, que Marie-Louise était en travail d'enfant, attendait avec une vive anxiété le résultat de ses souffrances : une foule innombrable remplissait le jardin des Tuileries, la place du Carrousel, les ponts et les quais environnans; enfin l'Impératrice accoucha d'un fils, à dix heures du matin. Sa grossesse avait ajouté à l'espérance; et le peuple, qui jouissait souvent de sa vue, lui prodigua dans cette circonstance toutes les marques d'intérêt qu'elle méritait. Le gouvernement avait fait annoncer que si elle accouchait d'un prince on tirerait cent un coups de canon, et seulement vingt-cinq si elle mettait au monde une princesse. Au vingt-sixième coup la joie fut portée jusqu'au délire, non-seulement à Paris, mais dans toute la France. Nous en appelons à toute la génération : tous les vœux étaient comblés; la prospérité de l'Etat paraissait assurée, et la France à l'abri de nouvelles révolutions. C'était alors que l'Empereur devait suspendre l'épée de conquérant, et se reposer dans l'administration de son grand empire : le souvenir de la famille des Bourbons eût dès-lors été enseveli pour jamais.

Cependant, quelques malintentionnés firent courir la fable ridicule que l'Impératrice était accouchée d'un enfant mort, et qu'on avait substitué à sa place un fils naturel de Napoléon, né d'une dame polonaise. Certes, si cet enfant n'eût pas appartenu à Marie-Louise, on n'en aurait pas fait mystère jusqu'à présent; il y avait trop d'intérêt à désabuser le peuple français sur ce point; et puis l'Empereur n'aurait jamais souffert une semblable supercherie.

L'Empereur avait voulu donner au Roi de Rome une digne gouvernante, car il était intimement persuadé que l'Impératrice lui donnerait un fils. Pour cela, il avait choisi parmi les dames de sa cour celle dont le rare mérite et les vertus les plus éminentes devaient commander le respect et l'estime générale. En ceci il eut la main heureuse en donnant la préférence à madame de Montesquiou, en lui recommandant de s'entourer de personnes dignes de sa confiance. Comme il avait une mémoire prodigieuse, il se souvint qu'étant premier consul il avait fait rendre à la nourrice de la duchesse d'Angoulême une pension de 2,000 francs que le Directoire lui avait supprimée. Il imagina donc qu'il serait bon de la faire venir aux Tuileries pour être première berceuse de l'enfant à naître, persuadé qu'elle se rappellerait l'étiquette de Versailles. On se hâta d'annoncer à cette dame le désir de l'Empereur; mais, à la grande surprise de tous, elle refusa l'honneur qu'il voulait lui faire :

« Je ne puis, dit-elle, occuper une charge dans laquelle je me trouverais en danger perpétuel. Le lait que j'ai donné à la fille de l'infortuné Louis XVI m'attache à elle; c'est à la vie et à la mort. Si, par fatalité, il survenait un accident à

l'enfant de l'Empereur, ne serait-on pas en droit
de suspecter ma fidélité ? »

Ces motifs de refus, rapportés à Napoléon, le
frappèrent par leur justesse. Il avoua qu'il avait
eu tort de faire une offre pareille à cette dame ;
il augmenta sa pension de deux autres mille
francs, et se contenta de l'attacher au service de
la chambre de Marie-Louise.

L'enfant-roi vint très-bien. L'Empereur, enchanté, le faisait voir presque tous les jours. Les vœux
et l'émotion générale à sa vue étaient sincères.

Au mois de mai, Leurs Majestés partirent de
Rambouillet pour aller visiter Cherbourg. Elles
étaient de retour à Saint-Cloud le mois suivant.
A la fin de juin, ils présidèrent au baptême du
Roi de Rome, que Napoléon, élevant entre ses
bras, montra lui-même aux nombreux assistans.
Tout semblait déjà annoncer à cet enfant les
plus brillantes destinées. Trois années suffirent
pour renverser la puissance colossale de son
père ! Et pourtant la cour, les grands, les ministres, l'armée, tout l'Empire vivait dans une
sécurité profonde. A peine découvrait-on, parmi

lés penseurs, quelques appréhensions, quelques inquiétudes vagues.

A l'occasion du baptême du Roi de Rome, Napoléon donna aux Tuileries une fête telle qu'on n'en vit jamais de plus brillante.

La salle de spectacle avait été disposée de manière à former dans sa totalité un vaste plain-pied de niveau avec les premières loges : elle était magnifiquement décorée et offrait un superbe coup d'œil. Toutes les dames présentées étaient assises sur des banquettes; les loges étaient garnies de femmes qui, pour n'être pas *présentées*, n'en étaient ni moins élégantes ni moins jolies. Au fond de la salle, des fauteuils avaient été placés pour l'Empereur et l'Impératrice, et des pliants pour les princesses de la famille impériale.

Le bal s'ouvrit à dix heures par une contredanse où figuraient l'Impératrice et le prince de Neufchâtel, madame de Croï et le grand-maréchal, la princesse d'Eckmühl et le prince Borghèse, la reine de Hollande et M. de Nansouty. Mais on attendait avec impatience l'exécution du quadrille qui, depuis huit jours, était l'objet de toutes les conversations. A onze heures, l'orchestre l'annonça : c'était une allégorie; la scène se passait au bord de la fontaine Egérie.

D'abord on vit paraître les *constellations*, vêtues de gaze bleue, et portant sur la tête un large bandeau d'or surmonté d'une étoile. A ces douze divinités, qui se rangèrent des deux côtés de la salle, succéda une jeune Iris à la blonde chevelure, d'une figure fine, d'une taille gracieuse, qui, en exécutant un très-joli pas, vint suspendre au bosquet de la fontaine son écharpe nuancée des couleurs de l'arc-en-ciel. Aussitôt les nymphes du Tibre, sortant de leurs grottes, vinrent cueillir des fleurs avec Zéphyre (M. Galz de Malvirade, premier page de l'Empereur, autant que nous pouvons nous le rappeler), qui se mêlait à leurs jeux.

Une femme, vêtue d'une tunique blanche brodée en or, sans autre ornement qu'un casque antique et un bouclier avec l'image d'une louve, s'avance à pas lents vers la fontaine pour consulter l'oracle. Plongée dans une profonde dou-

leur, elle lève au ciel ses beaux yeux bleus : c'é-
tait Rome sous les traits de la princesse Borghèse.
A sa voix, la nymphe Egérie (madame la comtesse Just de Noailles), le front orné d'un bandeau de corail, se présente avec autant d'élégance que de grâce, et lui prédit les plus heureux destins. Alors quatre Génies annoncent la
France : c'était madame Murat ; l'éclat de son
costume éblouissait tous les yeux ; sa tunique
blanche, brodée d'or, était soutenue par une
ceinture d'émeraudes ; son manteau de pourpre
était parsemé d'abeilles d'or ; un casque, resplen-
dissant de saphirs et de rubis, ombrageait ses
cheveux blonds, et son bouclier de satin blanc
étincelait des feux de mille pierreries : elle em-
brasse Rome, et appelle sur elle la protection
des dieux. Aussitôt Apollon (le comte Charles de
Lagrange), la lyre en main et la tête couronnée
de lauriers, descend de l'Olympe, suivi des douze
Heures du jour et des douze Heures de la nuit.
Ces divinités étaient toutes vêtues d'une tunique
brodée en argent, dont la couleur était variée
selon le rang que chacune tenait parmi les heu-

res, depuis le noir, qui marquait minuit, jusqu'à la tunique rouge de madame la comtesse de Lobau, qui représentait midi, et la tunique jaune de la première heure du jour (madame Regnault de Saint-Jean-d'Angely).

On distinguait aussi dans cet Olympe mesdames de Bassano, de Castiglione, d'Alberg, d'Elchingen, de Vicence, de Montmorency, Victor de Mortemart, de Bouillé, Anatole de Montesquiou, Duchâtel, Edmond de Périgord et de Baral. Toutes ces divinités cherchaient à consoler Rome ; mais le sourire ne revint sur ses lèvres que lorsque les génies lui apportèrent des cieux une armure semblable à celle de la France, et l'image d'un enfant qui devait lui rendre son antique gloire.

Cependant Rome et la France, les Nymphes, les Génies, les Étoiles, Apollon et les Heures, après avoir exécuté divers tableaux, défilèrent devant l'Empereur, qui dit, en passant, au général Lagrange :

« Vous êtes fort bien dans le costume d'Apollon, mais votre lyre est trop petite.

— » Pour chanter vos exploits, Sire, » répondit le général.

A minuit les contredanses recommencèrent.

Napoléon touchait alors au faîte de la grandeur et de la puissance : tous les trônes s'étaient abaissés devant lui ; les vieilles dynasties lui servaient de cortége, et une archiduchesse, la nièce de Marie-Antoinette, la petite-fille de Marie-Thérèse, partageait sa couche.

Presque toutes les familles illustres, tous les grands noms de la vieille monarchie, avaient *sollicité* l'habit de chambellan ou endossé le brillant uniforme d'officier d'ordonnance.

Dans la maison civile de l'Empereur, on comptait des Ségur, des Turenne ; parmi ses chambellans, les noms de Contades, de Croï, de Noailles, de Brancas, de Gontaut, de Chabot, de Lur-Saluces, de Beauveau. Les plus sémillans des officiers d'ordonnance étaient le comte de Montmorency, de Chabrillant, de Montesquiou et de Mortemart ;

Dans la maison de l'Impératrice, un Rohan ; et parmi les dames pour accompagner se trouvaient

8.

mesdames de Bouillé, de Brignolles, de Périgord, de Beauveau, de Vergennes, de Colbert. Plusieurs de ces nobles races dirent, en 1814, qu'on les avait *forcées* de servir l'*Usurpateur*; mais les cartons particuliers du cabinet de Napoléon étaient remplis des ollicitations pressantes, d'offres de services faites *au grand Empereur, à l'homme du siècle, au plus grand génie de la terre.* MM. de Menneval et Fain en doivent savoir quelque chose.

Nous l'avouerons, cet appareil de cour flattait l'amour-propre de l'Empereur. Jamais la vieille monarchie, à l'époque de sa plus grande splendeur, n'avait offert un cérémonial plus sévère, une plus stricte étiquette. Les pas étaient comptés; les costumes, les robes, les toilettes minutieusement décrites et imposées. On devait faire un certain nombre de révérences pour l'Empereur, pour Marie-Louise et pour les princesses. Plus d'une discussion s'éleva, avec M. de Ségur et la reine Hortense, sur l'ampleur d'un manteau ou la longueur d'une robe à queue, et il arriva parfois à l'Empereur d'humilier quelques jeunes femmes qui, en venant à la cour, avaient

voulu secouer le joug de l'étiquette. De là l'usage
ou plutôt la mode qui s'établit parmi certaines
gens, de crier à la persécution, lorsqu'après avoir
obtenu ce qu'ils désiraient, on leur faisait observer que ce n'était pas tout que d'avoir un libre
accès aux Tuileries, et qu'il fallait encore s'y présenter et s'y conduire avec une sévère décence et
une rigoureuse circonspection.

CHAPITRE SEPTIÈME.

—

1811-1812.

—

Ouverture du Corps-Législatif. — La dame d'honneur de Marie-Louise. — Susceptibilité féminine. — Caractère de l'Impératrice. — Faiblesse et bonté. — Conversation matrimoniale en déjeûnant. — Sévérité de l'Empereur pour tout ce qui tenait au service de la maison de sa femme. — Le roi de Prusse. — Commencement de la campagne de Russie. — Le 29ᵉ bulletin. — Inquiétude de Marie-Louise. — Conspiration de Mallet. — Guidal et Lahorie. — MM. Savary et Pasquier à la Conciergerie. — Le comte Hullin et le colonel Laborde. — M. Dejean. — Un conseil de guerre. — Condamnation et exécution. — Un conte renouvelé des Mille et une Nuits. — Bon mot de Fouché.

Un mois environ après le baptême du Roi de Rome, l'Empereur, faisant l'ouverture du Corps-Législatif, annonça que la naissance de son fils avait rempli ses vœux et satisfait à l'attente de ses peuples. Il parla des Etats Romains, de la Hollande, des villes Anséatiques et du Valais, et ajouta que la paix du monde ne serait pas troublée. La France attentive comprit ses dernières paroles, qui n'étaient pas jetées sans dessein de préparer les esprits à la guerre. Le reste de l'année s'écoula tranquillement. Le vaste empire, qui s'étendait depuis la mer Baltique jusqu'aux portes de Naples, dormait en apparence d'un sommeil profond, et pourtant ce repos n'était pas celui de la paix.

Il ne faut, pour gagner le cœur des Français, que savoir sourire et saluer à propos. Ils aiment à considérer leurs souverains comme les chefs de la grande famille, et un peu d'affabilité de leur part paie amplement le respect et l'amour qu'ils ont pour eux. L'Impératrice avait toutes les qualités qui pouvaient la faire chérir de ceux qui la connaissaient intimement; mais il lui manquait cet air de franchise et d'affabilité qui peut si bien se concilier avec la dignité, et qui suffit pour séduire la multitude.

Un soir qu'elle avait été au Théâtre-Français, madame de Saint-Leu se hasarda à lui dire que les spectateurs avaient éprouvé un véritable chagrin en se trouvant privés du plaisir de la contempler, parce qu'elle était constamment restée au fond de sa loge :

« Qu'importe ! s'écria une dame d'honneur qui prit la parole ; et pourquoi Sa Majesté se gênerait-elle ?

— » Madame, lui répondit la fille de Joséphine, c'est parce que je suis certaine que beaucoup de personnes n'avaient été au spectacle que dans l'espérance d'y voir Sa Majesté, et qu'elle-même ne peut reconnaître dans cet empressement que le sentiment d'affection que tous les Français partagent pour elle.

— » Lorsque, comme Sa Majesté, on a de la franchise, répliqua madame de Montebello, on doit se montrer tel qu'on est, et ne rien faire par respect humain. »

Voyant que l'Impératrice ne répondait rien, madame de Saint-Leu n'ajouta pas un mot de crainte de lui déplaire ; mais, avec de tels conseils,

il n'était pas étonnant que cette jeune princesse
portât en public un air ennuyé, que lui donnaient
souvent les devoirs de l'étiquette auxquels l'Empereur voulait qu'elle se soumît beaucoup plus
qu'il ne l'avait jamais exigé de sa première femme.
Sur ce chapitre il se montra toujours d'une sévérité excessive.

Un jour, pendant son déjeûner (moment que
Marie-Louise choisissait de préférence pour lui
faire sa visite), madame de Saint-Leu se trouvait en tiers avec eux; l'Empereur, avant que
l'Impératrice vînt, avait débuté, en commençant
le déjeûner, par se plaindre de ce que les deux
chambellans de service près de sa femme avaient
commis une faute d'étiquette. Marie-Louise entre, donne, comme c'était son usage, un baiser
au front de l'Empereur, qui le lui rend sur les
deux joues; puis il lui dit :

« Ma grosse Louise, tes chambellans m'en font
de belles; encore aujourd'hui, au lever, si tu savais les bêtises qu'ils ont faites ?

— » Mon ami, répondit l'Impératrice, je t'as-
sure que près de moi ils font leur service à mer-

veille ; s'ils y manquent près de toi, c'est que tu leur fais peur.

— » Je finirai par me fâcher contre eux tout-à-fait, et même contre toi, si cela leur arrive encore. »

Madame de Saint-Leu ignorait ce dont il était question ; mais elle apprit plus tard qu'un de ces messieurs, qui avait eu quelque chose à donner à l'Impératrice, avait oublié de le lui présenter sur un plateau !

Au mois de janvier 1812, on apprit, non sans surprise, que le roi de Prusse venait de signer un traité d'alliance offensive et défensive avec Napoléon. Il fut facile de prévoir alors que nous ne tarderions pas à entrer en guerre avec la Russie. Déjà nos troupes cheminaient vers la Prusse ; l'Empereur avait témoigné hautement le projet de rétablir le royaume de Pologne dans son intégrité. Le sénat décréta une levée de 180,000 hommes, et le dessein funeste d'envahir la Russie ne fut plus une question.

Nous ne parlerons pas de cette campagne, dont les affreux désastres n'ont été que trop connus et trop répétés ; mais nous dirons comment la ville de Paris fut témoin d'un prodige jusqu'alors unique dans les fastes des révolutions passées. Ce que toute l'Europe armée n'osait tenter depuis vingt ans, la conquête de Paris, un seul homme en prison, sans amis, sans argent, sans réputation, eut l'audace de l'exécuter à lui seul, et fut sur le point de réussir. Nous voulons parler de l'échauffourée de Mallet.

Cet homme avait de l'exagération dans l'esprit, de la singularité dans le caractère : il était tourmenté d'une sombre mélancolie, qui le rendait taciturne et peu agréable à ses camarades. L'élévation de Napoléon à l'empire lui avait fait mal, et il ne l'avait pas caché. La perte de la liberté, et peut-être aussi le chagrin de se voir arrêté dans sa carrière, quand tous ceux qui étaient moins anciens que lui s'élevaient aux plus hauts grades et acquéraient une grande réputation, le fit entrer dans une conspiration mal conçue et formée de ces vieux restes de Jacobins qui ne prenaient que leur fureur pour conseils, sans moyens de pouvoir réaliser leurs

projets insensés. Mallet fut arrêté, et tous les détails du complot, mis sous les yeux de Napoléon,
lui firent hausser les épaules de pitié.

Après quelques années de prison, Mallet obtint d'habiter une de ces maisons de santé qui
entourent Paris, et qui sont pour la police des
espèces de séminaires, où l'on retenait, avec une
surveillance exacte cependant, ceux qu'on ne
pouvait pas juger et qu'on craignait encore de
rendre à la société.

Depuis plus de vingt jours l'Impératrice était
sans nouvelles de l'armée; de sinistres bruits
commençaient à circuler, lorsque Mallet, après
avoir combiné son plan avec un abbé qui avait
partagé sa captivité, franchit les murs de sa prison, se couvre d'un uniforme de général de brigade, et se présente, vers quatre heures du matin,
à une caserne; là, éveillant le colonel, il lui dit,
avec un visage consterné, que l'Empereur est
mort; que le sénat s'assemble pour rendre à la
France le gouvernement républicain, et que lui,
Mallet, nommé commandant de Paris, vient
prendre un bataillon de son régiment, pour se

porter à l'Hôtel-de-Ville et protéger le sénat qui s'y rassemble.

A cette funeste nouvelle, le colonel est saisi d'abord d'épouvante, et ses regrets pour l'Empereur lui font verser des larmes; le désordre de son âme ne lui permet pas de réfléchir sur la nouvelle, ni d'envisager l'homme qui s'est présenté à lui; il donne l'ordre de rassembler la garde, et, accablé par son désespoir, il laisse Mallet maître du succès de son imposture.

Les promesses les plus brillantes, l'avancement le plus rapide, Mallet fait tout croire aux officiers; chaque soldat sera gratifié d'un grade et d'une haute-paie : il donne aux officiers des bons de vingt mille francs, de cinquante mille francs sur le trésor public, car cet homme avait tout prévu; il se fait suivre par tout un bataillon, et va chercher ses complices et les nouveaux ministres de France dans la prison de la Force.

Là étaient depuis quelque temps un adjudant-général nommé Guidal et le général Lahorie, qui tous deux ignoraient ses projets. Mallet se fait ouvrir la prison, réclame ses deux anciens camarades, débite la grande nouvelle, et, sur le refus du concierge de livrer les prisonniers, il signe leur mise en liberté, fait entrer deux cents hommes, et se fait conduire à la chambre de Lahorie. Le premier mot de Mallet fut de lui dire : « Vous êtes ministre de la police. Réveillez-vous, habillez-vous et suivez-moi. »

Le pauvre Lahorie, revoyant, après douze ans, cet homme dont il n'avait jamais jugé la tête bien saine, crut rêver et se frottait les yeux en le regardant. Enfin, l'assurance de la mort de l'Empereur, le sénat rassemblé, le retour à la république, lui firent croire que c'était une révolution comme une autre.

Il se lève, s'habille, trouve des soldats à la porte avec Guidal, et ils s'en vont droit chez Savary : celui-ci était encore couché ; la troupe entre tranquillement et sans obstacle. Les soldats, trouvant la porte de la chambre du ministre fermée, en brisent les panneaux du premier coup de crosse.

A ce bruit, Savary réveillé saute à bas de son lit, en chemise et les pieds nus ; il s'élance, il veut fuir : il est saisi et garotté ; et ce n'est qu'à la vue de Lahorie, son prisonnier, aux cris de la mort de l'Empereur, qu'il commence à comprendre qu'il est victime d'un guet-apens. Il obtient avec peine la permission de s'habiller, et Guidal le conduit, escorté par son détachement, à la prison de la Force.

Le concierge, en le voyant, se mit à pleurer. Savary lui dit à l'oreille : « Jette-moi dans le plus noir de tes cachots et caches-en la clé. Dieu sait ce que c'est que tout ceci ; mais cela s'éclaircira. »

Un moment après, le préfet de police, M. Pasquier, fut amené dans la même prison : un détachement était venu le prendre chez lui, et l'avait entraîné sans résistance.

Pendant que les chefs de la police étaient ainsi traités, Mallet se présentait chez le général Hulin, commandant la division militaire et la ville de Paris. Le général se levait pour recevoir du ministre de la guerre un ordre, qu'on ne pouvait remettre qu'à lui-même. Mallet était accompagné de quelques officiers de sa troupe. En abordant le général, il lui dit, avec le plus grand sang-froid et d'un air grave et posé :

« Il m'est bien dur, général, de remplir contre vous une rigoureuse mission : j'ai ordre de vous arrêter. »

Hulin se récrie d'abord ; puis, envisageant Mallet, qu'il reconnaît :

« Quoi ! c'est vous, Mallet ? lui dit-il. M'arrêter, vous, prisonnier ! Comment êtes-vous ici ?

— » L'Empereur est mort, et j'ai des ordres du gouvernement provisoire. »

Hulin était terrassé, lorsqu'une voix sortant de l'alcôve (c'était celle de madame Hulin) dit :

« Mon ami, si monsieur doit vous arrêter, il doit vous faire voir son ordre.

— » En effet. Où est le mandat, monsieur ? Montrez-le-moi.

— » Très-volontiers. Voulez-vous bien passer dans votre cabinet ? »

Hulin entre dans son cabinet, et, comme il se retourne, il tombe frappé d'une balle qui lui fracasse la mâchoire ; Mallet, le croyant mort, se retire aussitôt.

Il traverse tranquillement la place Vendôme et se rend à l'Etat-Major. Il s'était fait devancer par une lettre qui faisait part des événemens au commandant, lorsqu'un des chefs de la police militaire, le vieux colonel Laborde, entra dans l'appartement. L'aspect de cet homme fit juger à Mallet qu'il ne pouvait être ni trompé ni séduit; il allait lui faire sauter la cervelle, lorsque Laborde le saisit brusquement par le bras, appelle du secours et le fait arrêter.

Ce Laborde était un vieux soldat, qui, depuis long-temps retiré du service actif, avait choisi Paris pour son camp, et en avait fait le théâtre de ses observations.

Attaché à la police sous tous les régimes, on ne pouvait lui en imposer par des illusions. Après avoir passé sa jeunesse au milieu de tous les vices, il trouvait ses jouissances à les poursuivre; et il usait de son privilége avec tout le despotisme dont les subalternes agens de l'autorité trouvent tant de plaisir à accabler leurs semblables.

Laborde avait vu Mallet dans sa maison de

santé. Au premier bruit de l'emprisonnement du ministre de la police, il se met à la tête d'un peloton d'infanterie, se rend au ministère, y trouve Lahorie tranquillement établi à écrire des ordres. Il ordonne qu'on le saisisse, le fait lier sur son fauteuil, en lui adressant des reproches qui éclairent ce malheureux sur l'extravagance de Mallet; il se rend ensuite à l'Etat-Major, fait arrêter celui-ci, et de là, courant à la prison, il délivre le ministre et le préfet de police.

Toutes ces scènes, dignes des *Mille et une Nuits*, s'étaient passées entre cinq et huit heures du matin; avant neuf heures tout était terminé, et les tranquilles habitans de Paris, en ouvrant les yeux, apprirent l'événement, et s'en amusèrent par des plaisanteries d'assez bon goût.

Cette tentative de Mallet n'était que l'extravagance d'un fou, le rêve d'une imagination échauffée; cependant elle fit une impression profonde, et donna sujet à de tristes réflexions.

Les royalistes, après la Restauration, ne manquèrent pas de mettre cet homme dans leur martyrologe, et honorèrent du nom de tentative bourbonnienne l'acte de démence d'un homme qui, loin d'avoir appartenu à ce parti, avait toujours été travaillé des rêveries républicaines. Son plan le démontrait assez : c'était une réunion du sénat qu'il avait imaginée; il n'avait parlé que du rétablissement de la république aux soldats, et il ne pouvait réussir qu'en soulevant les dernières classes du peuple.

Le désordre aurait-il été assez grand et assez durable pour qu'il eût pu réussir, si Napoléon était effectivement mort, comme il l'avait hautement publié ? Nous ne le croyons pas; mais du moins nous devons supposer, d'après un tel caractère, qu'il n'aurait pas fui et se serait fait tuer. La noble fermeté qu'il ne cessa de montrer jusqu'au lieu de son supplice en est une preuve.

Le comte Dejean, sénateur, avait présidé le conseil de guerre qui avait jugé et condamné Mallet. Le jour de son exécution, le comte Dejean lui ayant demandé de faire connaître ses complices :

« Qui sont-ils ? lui avait-il dit.

— » Vous, tout le premier, si j'eusse réussi, »
lui avait répondu Mallet.

Cette conspiration mit au grand jour toute
l'incapacité des ministres de Napoléon, lorsqu'il
n'était pas là pour les diriger.

Au bruit de cette échauffourée et de la mort de
l'Empereur, quelques sénateurs s'étaient réunis
dans un hôtel de la rue d'Anjou-Saint-Honoré,
pour aviser aux moyens à prendre dans la circonstance ; ils crurent devoir en prévenir Fouché, qui, depuis sa destitution, continuait d'habiter le magnifique château de Ferrières, et lui
demandèrent son avis :

« Vous leur direz, répondit le duc d'Otrante,
que je n'ai pas l'habitude de *travailler en serre-
chaude*; qu'ils fassent tout ce qu'ils voudront. »
Et l'ex-ministre ne bougea pas.

CHAPITRE HUITIÈME.

1812-1813.

Fin de la campagne de Russie. — Situation critique de la France en 1813. — Campagne de Saxe. — Bataille de Leipsick. — Intrigues, trahison et défection. — L'esprit public à Paris. — Le faubourg Saint-Germain. — L'ancienne famille des Bourbons. — Le comte d'Artois. — M. Chaptal. — Le pain de sucre de betterave sous verre. — Mort du comte de Narbonne. — La première représentation du ballet de *Nina*. — Madame Campan. — Visite de l'Empereur à l'*Institution impériale d'Ecouen*. — Les pages et les orphelins de la Légion-d'Honneur. — *Vive le Roi! Vive l'Empereur!* — Tristes prévisions de Napoléon.

A la fin de l'année 1812 commença pour la France, pour Napoléon et pour sa famille une suite de calamités dont nous épargnerons le triste récit au lecteur. Avec les premières nouvelles de l'Empereur, datées de la Bérésina, nous arrivèrent les détails affreux de la retraite. Ceux qui étaient donnés par les bulletins et surtout par le dernier firent frémir. Accoutumés comme nous étions depuis si long-temps à des triomphes, l'annonce de la première défaite, accompagnée de tant de calamités, jeta Paris dans la consternation. Les ennemis du gouvernement se servirent de ce pré-texte et en profitèrent habilement pour crier à la tyrannie. Au milieu de cette agitation des es-prits, on apprend tout-à-coup que l'Empereur est arrivé aux Tuileries. Il reçoit tout le monde, se montre sévère pour quelques-uns, mais bon pour la plupart. Il explique la cause des mal-heurs de la campagne, ne dissimule pas ses fau-tes, et réclame hardiment les secours dont il a besoin pour repousser l'ennemi et conclure une paix dont il sent plus que tout autre l'impérieuse nécessité. Cette noble constance dans le mal-heur électrise la France entière. 3oo,ooo hom-mes sont donnés; la jeunesse se présente avec courage, et les vétérans retrouvent leur ancienne audace. Au bout de quelques mois l'Empereur a une armée admirable, et les champs de Lutzen et de Bautzen sont encore témoins de ses nouveaux triomphes. Napoléon s'était battu avec le courage d'un lion, mais d'un lion forcé dans sa retraite.... S'il avait été secondé !.....

Il vient à livrer la bataille de Leipsick ; il la perd, et cette défaite désorganise une seconde fois son armée. Cette nouvelle retraite fut peut-être plus désastreuse que celle de Russie : la trahison avait enfin réuni ses efforts à ceux de la coalition.

Le général Sébastiani revint et resta à Paris pendant quelques jours ; il nous donna de tristes détails sur la campagne ; l'ennemi était si nombreux, les désastres si grands, le découragement si général, qu'il nous parut difficile que Napoléon pût tenir encore long-temps. Il savait quelles plaintes, quelles criailleries, quels sarcasmes s'élevaient contre le gouvernement dans la société Talleyrand et dans toute la haute noblesse, qui déjà s'était mise en relation avec le comte d'Artois. Les habitans de Paris eux-mêmes ne dissimulaient guère leur mécontentement ; les employés des diverses administrations n'étaient point payés, et quant à notre industrie, qui se trouvait concentrée depuis long-temps dans les limites de la France, elle n'avait un reste d'action que dans quelques-uns des départemens voisins de la capitale que l'étranger n'avait point encore envahis.

Depuis la désastreuse campagne de Moscow, notre commerce avait perdu toute son importance ; l'industrie anglaise, parvenue alors à son apogée, inondait l'Europe comme les Amériques de ses produits, dont nous ne pouvions supporter la concurrence ni sous le rapport de la fabrication, ni sous celui du bon marché. En vain l'Empereur avait tenté de raviver le commerce français ; les manufactures manquaient de bras pour produire et de débouchés pour écouler ; les denrées coloniales étaient portées à un prix exorbitant, et malgré les succès que nos habiles chimistes avaient obtenus dans la fabrication du sucre de betterave, celui des colonies se payait encore six francs la livre. Napoléon pourtant accordait les plus larges encouragemens à cette fabrication. Il avait fait placer sous verre, sur la cheminée de son cabinet à Saint-Cloud, un énorme pain de sucre de betterave que M. Chaptal lui avait présenté comme une merveille digne de figurer dans un musée. L'Empereur en avait envoyé de semblables à sa mère, à ses frères, à Eugène, au prince primat et à tous les petits souverains de la Confédération du Rhin.

Tout le reste languissait, et, ce qui était déplorable, c'est que le peuple commençait à souffrir de la disette des grains occasionée par une mauvaise récolte et aggravée par des accaparemens et des exportations sur lesquels des agens du gouvernement faisaient sans doute de gros bénéfices. Aussi le peuple accusait-il Napoléon de vendre lui-même nos grains à l'Angleterre !.. Supposition tellement absurde que les gens les plus sérieux ne pouvaient s'empêcher d'en rire. Et puis l'esprit qui régnait dans les salons ne lui était plus aussi favorable que par le passé ; le faubourg Saint-Germain lui était redevenu tout-à-fait hostile, surtout depuis que Savary dirigeait l'esprit public. Telle était notre situation intérieure ; à l'extérieur elle était pire encore.

En Italie, Eugène combattait pour la conservation d'un État qui ne pouvait manquer de nous échapper. Murat, oubliant que son souverain l'avait élevé de la poussière jusqu'au trône de Naples, venait de signer une alliance avec les ennemis de son beau-frère et de son pays. En Espagne, nos troupes défendaient pied à pied une conquête qu'il fallait abandonner malgré les talens de Soult et de Suchet, secondés par les généraux Clausel et l'illustre Foy. La Hollande, mécontente de se voir réunie à la France, s'était insurgée et avait été envahie promptement. Enfin, Bernadotte avait conclu un armistice avec le Danemarck, et tout espoir d'une diversion s'était évanoui de tous côtés pour Napoléon.

Au nombre des mauvaises nouvelles qui vinrent l'assaillir ainsi et presque coup sur coup pendant les derniers mois de 1813, il y en eut une surtout dont il se montra très-affecté : celle de la mort du comte de Narbonne. De toutes les personnes qui n'avaient pas commencé leur carrière sous ses yeux, M. de Narbonne était peut-être celle qu'il affectionnait le plus ; il était impossible de joindre à un mérite réel des manières plus séduisantes. Napoléon le regardait comme l'homme le plus propre à amener à bien une négociation ; aussi dit-il de lui : « Narbonne était né ambassadeur. »

A l'époque où l'Empereur forma la maison de Marie-Louise, il eut l'intention de le nommer chevalier d'honneur de sa femme ; mais une intrigue adroitement ourdie amena celle-ci à le refuser, et ce fut en quelque sorte comme en dédommagement que Napoléon l'attacha à sa personne en qualité de premier aide-de-camp. Il n'y avait point en France, en effet, de poste auquel on attachât plus de prix. Beaucoup de princes étrangers, des princes souverains même, sollicitèrent en vain cet emploi ; parmi ceux-ci on peut citer le prince Léopold de Saxe-Cobourg, marié depuis à la princesse Charlotte d'Angleterre, qui refusa d'être roi de la Grèce, et qui a récemment accepté le royaume de Belgique. Chaque jour Napoléon apprécia de plus en plus les qualités et les services de M. de Narbonne. Nous nous rappelons encore lui avoir entendu dire : « Je n'ai bien connu le cabinet de Vienne que du moment où le nez fin de Narbonne s'y est fourré. » Après le simulacre des négociations de l'armistice de 1813 à Dresde, M. de Narbonne demeura en Allemagne, où Napoléon lui avait confié le gouvernement de la place de Torgau. Ce fut là qu'il mourut, au mois de novembre, victime de l'épidémie qui décima la nombreuse garnison qu'il commandait. Depuis la perte du maréchal Duroc et du prince Poniatowski, nous ne pensons pas qu'il ait témoigné plus de regrets. Il venait de pourvoir au remplacement de l'homme qu'il avait le plus aimé, sans en excepter le général Desaix, en confiant au général Bertrand les fonctions de grand-maréchal du palais; ce choix fut généralement approuvé. Que pourrions-nous dire d'un homme dont l'histoire ne séparera plus le nom du nom de Napoléon?

Cette triste époque avait vu tomber le duc d'Istrie, l'un des quatre colonels-généraux de la garde; la même nomination réunit les noms de leurs successeurs, et le maréchal Suchet fut nommé à la place de Bessières en même temps que le général Bertrand à celle de Duroc.

Lorsque l'Empereur éprouvait quelques soucis, il se plaisait à se montrer en public plus fréquemment. Il alla plusieurs fois au spectacle; le jour de la première représentation du ballet de *Nina*, à l'Opéra, lorsque lui et Marie-Louise entrèrent dans leur loge, il aurait été difficile de supposer que Napoléon comptât déjà des ennemis parmi ses sujets. Jamais on ne vit plus d'enthousiasme. La certitude d'être aimé des Français faisait sur lui l'impression la plus douce. Le soir, il en parlait comme un enfant qui s'enorgueillit de la récompense qu'il vient de recevoir. Alors, dans sa simplicité d'homme privé, il disait : « Ma femme ! ma bonne Louise ! elle a dû être bien contente ! » La vérité est que le désir de voir l'Empereur était tel à cette époque, que chaque fois que l'on pressentait sa présence au spectacle, toutes les loges étaient louées avec un incroyable empressement.

Tous les établissemens utiles étaient l'objet de ses soins et de sa sollicitude. Il voulait les voir tous par lui-même, et parmi ceux qu'il protégeait d'une manière spéciale, il en était un qu'il affectionnait plus particulièrement que les autres. Nous ne croyons pas que dans aucun des intervalles d'une campagne à une autre, Napoléon soit venu à Paris sans le visiter. C'était l'établissement des orphelines de la Légion-d'Honneur, dont la direction avait été confiée à madame Campan, qui avait abandonné Saint-Germain pour Ecouen. Napoléon y alla donc au mois de novembre, et nous nous rappelons à cette occasion un fait qui l'avait beaucoup diverti et qu'il nous rapporta le soir même de sa visite.

Il faut qu'on sache que, conformément aux statuts de cette institution, aucun homme, à l'exception de l'Empereur, ne pouvait être admis dans l'intérieur : on voit que la règle de cette maison était bien changée comparativement à celle de Saint-Germain-en-Laye ; mais comme Napoléon arrivait presque toujours à Écouen sans y être attendu, sa suite faisant en quelque sorte partie de lui-même, elle y entrait avec lui ; elle ne se composait, au surplus, que de quelques officiers de sa maison et des deux pages qui, étant de service, devaient l'accompagner partout.

Après son dîner, comme l'Empereur entrait au salon, il aperçut la reine Hortense et lui dit en riant :

« Hortense, je suis allé voir aujourd'hui votre ancienne maîtresse de pension.

— » Votre Majesté a été à Écouen ?

— » Oui, avec mes pages.

— » Ah !....

— » Ces petits drôles-là ne veulent-ils pas ressembler aux pages d'autrefois !

— » Comment cela, Sire ?

— » Vous ne savez pas ce qu'ils font, lorsqu'ils savent que j'ai l'intention de faire ma visite à madame Campan ?

— » Non, Sire.

— » Eh bien ! ils se disputent à qui sera de service.

— » Cela ne doit pas étonner Votre Majesté : on est si heureux de pouvoir être près d'elle !

— » Oh ! ce n'est pas pour moi ; je ne suis pas leur dupe. »

Et Napoléon riait et se frottait les mains en répétant : *Ah ! les petits gaillards ! ah ! les petits drôles !* Et puis il ajouta, comme par suite d'une de ces réflexions bizarres qui lui venaient si souvent :

« Moi, Hortense, j'aurais été un très-mauvais page, mais je n'aurais jamais eu une pareille idée.... se disputer à qui m'accompagnerait !... Je crois qu'ils se battraient, si leur gouverneur n'y mettait bon ordre.

— » Sire, ce sont tous de très-braves jeunes gens...

— » Je le sais : il en est déjà sorti de bons officiers ; cela fera un jour des mariages !... »

On voit qu'il était rare que la chose la plus frivole en apparence n'amenât pas de la part de Napoléon une conclusion sérieuse.

Dans une visite qu'il avait faite précédemment aux élèves d'Écouen, il les avait trouvées réunies dans les classes, s'occupant d'ouvrages à l'aiguille. Après avoir adressé à chacune d'elles quelques questions ou un mot obligeant, dans une des grandes classes il demanda à une jeune personne appelée Brouard combien elle pensait employer d'aiguillées de fil pour faire une chemise. « Sire, lui répondit-elle, je n'en emploierais qu'une si je pouvais la prendre assez longue. » Cette réponse lui valut une chaîne d'or que l'Empereur lui donna, et la jeune Brouard jura dans son exaltation, de ne jamais, s'en séparer.

Après la Restauration, M. l'abbé de Pradt ayant ordonné à la surintendante qui avait remplacé madame Campan de faire disparaître tout ce qui pouvait rappeler aux élèves les bienfaits de l'*Usurpateur*, quelques-unes rendirent les petits cadeaux qu'elles en avaient reçus. Mademoiselle Brouard garda toujours sa chaîne cachée sur sa poitrine. Le réglement défendait aux élèves de porter aucun bijou. Un jour qu'elle était au bain, une dame surveillante aperçut la chaîne et voulut la *confisquer*, et, dans cette intention, elle ordonna à l'élève de la lui livrer. Celle-ci refusa, en objectant qu'elle la cachait, et qu'ainsi elle n'était pas répréhensible. Une plainte fut portée par la dame à l'inspectrice : nouveau refus de la part de mademoiselle Brouard ; la dignitaire la mène devant la surintendante : encore même résistance. Cette dame menace l'élève de faire venir deux hommes de peine pour la déshabiller et lui ôter de force ce qu'elle s'obstine à ne pas donner de gré. Mademoiselle Brouard, décidée à ne pas céder, dit enfin que c'était un don de l'Empereur, et qu'elle le conserverait malgré tout. La salle de correction où on la conduisit et où elle resta plusieurs jours ne fit que l'affermir dans sa noble résolution. Enfin, on fait un rapport à M. l'abbé de Pradt sur la conduite de l'élève. Le grand-chancelier vient à Saint-Denis, où il avait donné rendez-vous à la baronne Jubé, mère de l'élève et mariée en secondes noces ; il fait assembler toutes les personnes de la maison dans la salle d'inspection, et là, en présence de toutes ses compagnes, *dégrade* la pauvre jeune personne, c'est-à-dire lui fait ôter sa ceinture, et puis, dans un discours adressé aux élèves, il les engage à profiter de la leçon. Après quoi la baronne Jubé fut priée d'emmener sa fille, qui, à partir de ce jour, ne devait plus faire partie de l'institution de la Légion-d'Honneur.

Ce fut une grande désolation parmi les compagnes de la pauvre Brouard, qui était généralement aimée; aussi s'écrièrent-elles qu'on pouvait les renvoyer en masse, parce qu'elles avaient toutes les mêmes sentimens. Ensuite les dames eurent beaucoup de peine à rappeler l'ordre et l'obéissance que cette scène, que nous laissons à d'autres le soin de qualifier, semblait avoir bannis de l'établissement. Aussi, à la première visite que la duchesse d'Angoulême fit à la maison royale, dont elle voulait être la nouvelle protectrice, elle n'eut pas occasion d'être satisfaite des élèves. Les dames ordonnèrent de crier *Vive le Roi!* quelques-unes d'entre elles eurent la hardiesse de crier *Vive l'Empereur!* Ceci peut justifier la froideur que cette princesse témoigna toujours à l'établissement de Saint-Denis, et l'enthousiasme que les anciennes élèves manifestaient et font encore éclater aujourd'hui au seul nom de l'Empereur ou même à son souvenir.

CHAPITRE NEUVIÈME.

1814.

L'année 1814. — La France envahie. — *La paix, n'im-*
porte à quel prix. — Le duc d'Angoulême à Bordeaux.
— Adieux de Napoléon à la garde nationale de Paris.
— Paroles touchantes. — Marie-Louise régente de
l'Empire. — Enthousiasme tardif. — Le roi Joseph. —
M. de Montalivet. — M. Molé et les élégies. — M. de
Talleyrand et le duc de Dalberg. — Petite biographie
diplomatique. — Marche des alliés sur Paris. — Les
27, 28 et 29 mars. — Grand conseil tenu aux Tuileries. — Les traîtres et les poltrons. — Mesure générale.

Dès le commencement de 1814, les alliés dé-
bordaient de toutes parts. Les armées que leur
opposait Napoléon remportaient encore des avantages partiels, mais elles ne gagnaient plus de ces

batailles décisives qui détruisent en un jour toutes les espérances d'un ennemi; les armées alliées avançaient vers la capitale, et l'on commençait à craindre qu'elles n'arrivassent jusqu'à Paris. Il ne s'agissait plus d'aller porter la guerre dans des contrées éloignées, de faire de nouvelles conquêtes ni de fonder de nouvelles monarchies, mais d'empêcher l'étranger de pénétrer dans le cœur de la France, de maintenir l'intégrité de son territoire, enfin, de rassurer la couronne chancelante sur le front de l'Empereur; il fallait pour cela improviser une troisième fois une armée redoutable, se procurer des armes, des munitions, des chevaux, de l'argent. Dès qu'il fut question de nouvelles levées, un mécontentement presque général se manifesta dans la capitale; il n'éclata pas en séditions, mais il s'exhala en murmures : les ordres du gouvernement ne s'exécutèrent plus. La Chambre des représentans fut convoquée; les députés y apportèrent les vœux et les sentimens de leurs commettans, qui, pour la plupart, voulaient la paix, n'importe à quel prix.

Et cependant il était plus important que jamais de faire preuve de patriotisme : car, désormais, c'était le tout pour le tout qu'il fallait jouer. Et puis, on savait déjà que des princes de la maison de Bourbon avaient mis le pied sur le territoire français. Le duc d'Angoulême était entré en triomphe à Bordeaux; le comte d'Artois se montrait au milieu des alliés; la guerre, enfin, prenait une tournure fâcheuse.

Avant de quitter Paris pour se rendre à l'armée, Napoléon avait, pour la seconde fois, confié la régence à l'Impératrice, placée, ainsi que le Roi de Rome, sous la protection des habitans de Paris. Une scène attendrissante avait eu lieu avant son départ.

C'était le dimanche 23 mars; les officiers de la garde nationale avaient reçu l'*invitation* de se rendre aux Tuileries dans la salle des Maréchaux, salon immense qui occupe à lui seul tout le premier étage du pavillon de l'horloge. Ces messieurs ignoraient le motif d'une semblable convocation; ils pouvaient bien être au nombre de sept ou huit cents, tous en uniforme. On les fit ranger sur deux lignes. A midi, Napoléon ayant traversé cette salle, comme de coutume, pour se rendre à la chapelle, fut salué des cris répétés de *Vive l'Empereur !* En revenant, il en fit plusieurs fois le tour, et, après avoir adressé la parole à quelques chefs de légion, il se plaça au centre.

Dix minutes après, Marie-Louise entra, accompagnée de madame de Montesquiou, qui tenait le Roi de Rome dans ses bras. Lorsqu'elle se fut approchée de l'Empereur, celui-ci dit d'une voix forte, en s'adressant aux gardes nationaux dont il était entouré : « Messieurs, une partie du territoire de la France est envahie ; je vais me placer à la tête de mon armée, et, avec l'aide de Dieu et la valeur de mes troupes, j'espère repousser l'ennemi au-delà des frontières. » Puis, prenant l'Impératrice d'une main et le Roi de Rome de l'autre, il ajouta : « Si l'ennemi approche de la capitale, je confie au courage de la garde nationale l'Impératrice et le Roi de Rome... ma femme et mon fils, » reprit-il d'une voix émue.

Ce simple discours produisit beaucoup d'effet. Plusieurs officiers sortirent de leurs rangs et baisèrent les mains de Napoléon ; le plus grand nombre versaient des larmes. Parmi ces officiers, il en était plusieurs qui, déjà, n'étaient rien moins que partisans du régime impérial ; mais cette scène les avait attendris.

L'Empereur, après avoir embrassé sa femme et son fils pour la dernière fois, partit de Paris le 25 janvier 1814, à trois heures du matin, pour se mettre à la tête de l'armée peu nombreuse et formée à la hâte. Il tint encore une fois entre ses mains un traité auquel il ne manquait que sa signature. Un succès qu'il obtint en cet instant critique lui rendit tout son espoir ; il crut voir reparaître sur l'horizon l'étoile qui l'avait guidé si long-temps, et il déclara qu'il ne songerait à la paix que quand il aurait forcé l'ennemi à repasser le Rhin. Ce fut alors qu'il exécuta ce mouvement savant qui devait amener son triomphe et qui détermina sa perte. Les ennemis allaient se trouver enfermés dans un carré formé par toutes ses divisions ; les paysans, réduits au désespoir, allaient s'organiser en troupes légères qui tomberaient sur les traîneurs et les fuyards; un de ses généraux le trahit, en livrant passage à l'empereur de Russie et à son armée, et les troupes étrangères arrivaient sous les murs de la capitale, quand Napoléon les attendait avec confiance pour couper leur retraite.

Pendant ce temps, sur les théâtres, dans les rues, partout, le peuple parisien était excité par des couplets patriotiques et par des représentations scéniques où les grands souvenirs de résistance nationale contre l'étranger étaient reproduits.

Les rênes de l'Etat étaient restées entre les mains de Marie-Louise. Elle présidait le conseil des ministres, le Conseil d'Etat et le Sénat; mais tout continuait de se faire sous l'influence immédiate de Napoléon; de sorte que lorsque les communications avec le quartier-général vinrent à être coupées, le gouvernement resta sans chef et sans guide.

Le prince Joseph, qui avait le titre de lieutenant-général de l'Empire, était sans résolution.

L'archichancelier, sans énergie, ne pouvait prê-
ter, en présence de circonstances difficiles, la
moindre force au gouvernement. Le duc de
Feltre, au ministère de la guerre, était cordialement détesté par tous les militaires, non sans
quelque raison. M. de Montalivet, dont le fils est
aujourd'hui ministre de Louis-Philippe, était
excellent pour les affaires de l'intérieur, mais
excellent seulement pour un temps calme,
comme lorsqu'il fallait préparer une fête à
l'Hôtel-de-ville ou engager les auteurs à faire
l'éloge de Napoléon dans les solennités; quant à
la capacité politique, elle était nulle chez lui. Il
savait exactement combien il fallait faire de saluts
à une réception au palais ou à une fête impériale; mais lorsque les instructions de Napoléon
venaient à lui manquer, ce n'était plus qu'un
gentilhomme de la chambre à qui l'on trouvait
de la politesse et d'élégantes manières. Le duc
de Rovigo était toujours en possession de la police; il y veillait avec activité; mais il avait si
peu d'intelligence!.... Tandis qu'il s'arrêtait à des
niaiseries sans importance, la grande conspira-

tion, c'est-à-dire celle ourdie par M. de Talleyrand, le duc de Dalberg, Fouché, le baron Louis
et consorts, échappait à sa police sans portée ;
elle n'avait d'habileté que pour remuer l'enthousiasme des faubourgs. Les autres ministres étaient
M. Decrès, qui, en sa qualité de ministre de la
marine, n'avait rien à faire ; M. Pasquier, qui
s'occupait plus de sa toilette et de ses perruques
que de politique et d'administration. M. Molé
faisait des élégies ; le prince Lebrun, qui en avait
assez avec le gouvernement de la Hollande, se
reposait ; M. de Chabrol, préfet de la Seine,
son gendre, s'occupait du tirage de la loterie de
Paris avec un zèle très-louable. Il manquait donc
une tête capable de diriger tous les ressorts du
gouvernement. Il n'y avait que M. de Talleyrand (dont les menées étaient encore incon-
nues) qui prît une part active aux délibérations du conseil de régence en sa qualité de
grand dignitaire ; mais il avait un soin tout particulier de s'abstenir du moindre avis décisif.
Quant à son confident, à celui chargé de lui
donner la réplique, le duc de Dalberg enfin, le

prince de Bénévent ne s'ouvrait à lui tout juste que pour savoir ce qu'il pouvait avoir au fond de l'âme, et mieux encore, pour qu'il répétât ce qu'il voulait que tout le monde sût. La preuve en est que, lorsqu'on lui demanda, l'année suivante, pourquoi il l'emmenait au congrès de Vienne, il répondit avec son ton officiel et moqueur : « Je me fais suivre de Dalberg, parce qu'il me servira, par ses relations, à propager tous les secrets que je veux que tous les plénipotentiaires sachent. »

Issu d'une famille princière, M. de Dalberg avait connu M. de Talleyrand ministre des affaires étrangères, et avait conçu pour lui un dévoûment absolu. Le ministre, à son tour, s'était pris pour ce jeune homme d'une vive amitié, et il crut ne pouvoir lui en donner une meilleure preuve qu'en le stylant à son école. Il le fit naturaliser et le maria à mademoiselle de Brignolles. Proche parent de M. Nesselrode, ami de M. Metternich, le duc de Dalberg jouissait d'une certaine réputation diplomatique dans les salons. Autour de ces deux personnages venait se grouper une foule de meneurs, d'intriguans, tels que MM. Laborie, de Vitrolles, Bourrienne, qui avait enfin levé le masque et ne prenait plus la peine de dissimuler, pour l'Empereur et pour sa famille, une haine qui avait eu le temps de s'accroître pendant son séjour à Hambourg.

Nous avons appris depuis qu'il avait perdu toute sa fortune, qu'il avait été en quelque sorte forcé de s'expatrier dans les Pays-Bas, en un mot, qu'il était malheureux ; aussi ne dirons-nous rien de plus sur son compte. Comme beaucoup d'autres, nous n'avons oublié ni le peu de services qu'il a été à même de rendre à la reine de Hollande dans sa jeunesse, ni l'amitié dont l'impératrice Joséphine l'a constamment honoré. Cette raison seule suffirait pour nous fermer la bouche.

A mesure que les alliés s'approchaient de Paris, cette association revêtue de couleurs royalistes prenait un caractère plus prononcé. Les salons du faubourg Saint-Germain se remplissaient de gentilshommes et d'anciens émigrés en rapport avec les agens secrets des princes de la famille des Bourbons, dont la génération nouvelle n'avait jamais entendu parler, et que l'ancienne ne connaissait plus. Telle était la situation de Paris le 25 mars 1814, lorsque l'armée alliée, forte de 200,000 hommes à peu près, arriva aux environs de la capitale.

La présence des ennemis dans les communes qui environnent Paris fut signalée aux habitans de la capitale par un spectacle nouveau pour eux.

Le 28 mars, dès l'après-midi, les paysans des villages situés au nord de Paris y entrèrent avec leurs enfans, leurs meubles et leurs bestiaux.

Les boulevards étaient couverts de charrettes entourées de femmes et d'enfans traînant à leur suite des bestiaux. La cour de l'hôtel de la reine Hortense était remplie de vaches, de bœufs, de moutons, que les habitans de Saint-Leu et des environs lui avaient fait demander la permission d'amener chez elle, croyant qu'ils seraient là beaucoup plus en sûreté que partout ailleurs.

La guerre commençait donc à se faire voir aux Parisiens sous un aspect bien différent de celui sous lequel ils étaient accoutumés à la considérer depuis long-temps.

Le gouvernement de la régence se réunissait tous les jours. Marie-Louise présidait le conseil des ministres, et, dans l'absence des nouvelles de l'Empereur, toutes les délibérations étaient prises sous l'influence de son frère Joseph et de Cambacérès. Mais lorsqu'on sut, à n'en plus douter, que Paris était menacé, on résolut d'organiser les moyens de défense.

La garde nationale et la troupe de ligne passèrent une revue dans la cour des Tuileries, le 27 mars, et défilèrent sous les yeux de l'Impératrice et du Roi de Rome ; le tout pouvait former 40,000 hommes, qui, joints aux corps des ducs de Raguse et de Trévise, complétaient un effectif de 67,000 hommes, dont 30,000 hommes au plus auraient pris une part active à la défense extérieure de la capitale. C'était la seule force à opposer à la masse des alliés. Il était facile de soulever une immense population ; mais il fallait l'armer, et le système de trahison organisé dans l'intérieur, et bien connu alors, ne permit pas d'employer cette puissante ressource.

Dans de si graves conjonctures, ce qu'il y avait de mieux à faire était sans doute de tenir dans Paris jusqu'à la dernière extrémité; et si on ne pouvait conserver cette ville, il y avait encore à résoudre une autre question : c'était si, en faisant sortir le Roi de Rome, l'Impératrice régente devait s'éloigner aussi. Le sens commun prescrivait à cette princesse de ne point abandonner la place; elle aurait demandé aux alliés une capitulation ; elle se serait mise en ôtage de la paix prochaine entre les mains de son père; dès-lors les souverains alliés auraient rivalisé de galanterie à son égard, et repoussé toute tentative pour lui enlever la couronne; Napoléon eût perdu le sceptre, et son fils n'aurait fait que le garder pour le lui rendre plus tard.

Voilà ce que les plus fidèles amis de l'Empereur ne cessaient de répéter à Joseph; on tâchait de le prémunir contre tout conseil tendant à abandonner la capitale; mais il y avait auprès de lui le mauvais génie de la puissance impériale, M. de Talleyrand, qui, pour le pousser à sa perte, ne le quittait plus et l'obsédait continuellement; c'était, vis-à-vis de lui, comme un vampire de jour et de nuit. Il lui montrait à toute heure l'imminence du danger que courrait la famille impériale au milieu d'une ville attaquée par les ennemis; il lui faisait observer qu'il fallait également craindre ceux du dedans et ceux du dehors. « Vous-même, avait-il ajouté, savez-vous le sort qu'on vous prépare? N'est-il pas à redouter qu'on vous livre au roi Ferdinand VII, comme un gage des prétentions que dans l'avenir vous formeriez contre lui? Ne serez-vous pas exposé aux outrages des Espagnols vainqueurs qui pénétreront ici avec les coalisés? Voulez-vous livrer Paris aux horreurs qui suivent une attaque furieuse?..... Vous chargerez-vous de l'exécration de toute la capitale? »

Joseph, déjà troublé, et n'ayant point la fermeté de son frère, ne savait à quoi se résoudre; il penchait cependant pour la retraite; d'ailleurs les ordres de Napoléon la lui prescrivaient for-

mellement en cas d'attaque. Mais ici ne fallait-il
pas désobéir afin d'arriver à un meilleur résultat?
Dans ces fluctuations d'idées si pénibles, il appela
auprès de lui les conseillers les plus intimes de
son frère, et leur demanda avis.

L'opinion de M. de Talleyrand fut, comme on
le pense bien, qu'il n'y avait pas un moment à
perdre, et qu'il fallait que la régente et son fils
partissent sur-le-champ. Le comte Regnault, dont
certainement les intentions ne pouvaient être
suspectées, se trompa ce jour-là; il appuya l'avis
de M. de Talleyrand par des raisons spécieuses.
Le duc de Rovigo les combattit vivement : il
représenta les suites d'un départ qui ne serait
qu'une fuite honteuse; il s'exprima avec une
énergie telle, qu'il entraîna la majorité du conseil, et qu'il fit décider que l'on tiendrait dans
Paris, jusqu'à la dernière extrêmité, au lieu de
l'abandonner lâchement.

Au milieu de la nuit suivante le prince de
Talleyrand vient aux Tuileries; il demande à
parler à l'Impératrice; il est introduit malgré
l'heure indue. Là, il annonce un complot formé

par les royalistes : on doit tenter d'enlever le Roi de Rome et le mettre à mort au milieu de la confusion inséparable d'une attaque nocturne combinée avec les coalisés : l'incendie des divers quartiers de la capitale, le soulèvement de la multitude aideront à l'exécution de cet attentat, dont il présente les preuves. Il prie, il supplie Marie-Louise de ne pas s'exposer à un danger pareil. Il veut conférer avec Joseph, et conjure Sa Majesté de l'envoyer chercher sur-le-champ. Pendant qu'on attend celui-ci, un prétendu agent secret de l'empereur d'Autriche apporte à la régente une lettre de son père, lettre également fausse, mais qu'au dire de M. de Talleyrand, l'archi-chancelier et le comte Regnault ont vue. Il y était dit que les plus grands dangers la menaçaient si elle s'obstinait à ne point se retirer de Paris. Les souverains la priaient de s'éloigner d'une ville qui ne tarderait pas à être entièrement cernée. On faisait ajouter par François II : « Je réponds de tout, ma chère fille ; je veux la paix avec mon gendre. On lui laissera la Belgique et les départemens du Rhin ; allez-le trouver, et décidez-le à traiter, dans son intérêt, dans le vôtre et dans celui de son fils. » Cette lettre se terminait par des menaces contre ceux qui lui conseilleraient une autre conduite.

Joseph arrive enfin au château. Marie-Louise lui montre d'abord cette lettre ; elle lui fait part ensuite du complot organisé contre elle et son fils. N'aurait-on pas dû au moins vérifier les allégations de M. de Talleyrand? On n'en fit rien. Toutes les fautes devaient être commises. Joseph eut peur ; il donna son consentement à la retraite, qui fut décidée dans un dernier conseil, où le ministre de la guerre et Cambacérès firent usage, pour faire taire l'opinion, d'une lettre de Napoléon, qui ordonnait cette mesure désastreuse.

Joseph annonça, par une proclamation, le départ de l'Impératrice ; mais il promit en même temps de rester, en jurant qu'on le trouverait toujours au poste de l'honneur. Il continua les préparatifs de défense ; il se porta aux diverses barrières ; il fit montre de courage tant qu'il n'y eut pas ombre de danger. Cet élan dura peu.

On mit à ses trousses des traîtres et des poltrons. Ses hésitations recommencèrent ; il finit par se décider à prendre la fuite ; et ce fut de cette manière que l'on parvint à démolir pièce à pièce un trône qui semblait devoir être éternel.

CHAPITRE DIXIÈME.

—

1814.

—

Encore et toujours M. de Talleyrand. — Coup d'œil en arrière.—Départ de Marie-Louise et du Roi de Rome. — M. de Beausset. — L'Impératrice à Rambouillet; son arrivée à Blois. — Bagage immense. — Mémorial impérial. — Bruits divers. — Fuite précipitée des ministres.—Une délibération impromptu.—L'Agent du gouvernement provisoire. — M. Dudon et les diamans de la couronne. — Licenciement de la maison de l'Impératrice. — Le prince Esterhazy. — Départ de Marie-Louise et du Roi de Rome pour Vienne. — Le cardinal Fesch et Madame mère. — Les princes Louis et Jérôme. — Le sort de la famille impériale est fixé. — Napoléon à l'île d'Elbe. — L'empereur Alexandre. — Eugène de Beauharnais maréchal de France. — Avenir consolant.

M. de Talleyrand venait donc de remporter la victoire.

C'était, à notre connaissance, le troisième gouvernement qu'il renversait, sans compter celui de l'église gallicane, dont, certes, il fut le premier destructeur; en comptant bien aujourd'hui, on pourrait même dire le sixième, car il ne fut point étranger au départ du roi en 1815, à la chute de Napoléon trois mois après, tandis qu'il était au congrès de Vienne, et enfin à la révolution de juillet 1830, qui chassa pour jamais de France ces mêmes Bourbons pour lesquels il avait mis en jeu toute sa science diplomatique.

N'est-ce pas un personnage bien extraordinaire que celui qui parvint à fonder son crédit sur tout ce qui peut contribuer à discréditer parmi les hommes? Déserteur de son caractère sacerdotal, ministre du Directoire, grand-officier de la maison impériale, il sembla, en 1814, que M. de Talleyrand n'eût trahi les Bourbons en 1791 que pour les replacer plus tard sur le trône!... Occupant toujours l'attention publique, jugé par les uns le plus fin, le plus subtil, le plus spirituel des diplomates; déclaré par les autres sans bonne foi, sans franchise et même sans talens supérieurs ; poursuivi avec acharnement par les âmes austères ; bien venu à la cour, où l'on ne traite pas toujours le plus mal ceux qu'on n'aime pas ; accusé d'avoir tout fait, mené ou détruit, loué et blâmé en même temps ; déclaré aujourd'hui traître à la patrie dont demain on le proclamera le libérateur : tel a été aux diverses périodes de sa carrière le prince de Bénévent. Il nous a toujours surpris par sa mobilité inconcevable ; vrai feu follet politique, il s'éteint au moment où il brille le plus, et se rallume quand on cesse de songer à lui ; glisse à qui croit le tenir ; se joue de ce qui retient le plus les hommes, et ne voit que son point de mire, vers lequel il marche en sautant, en rampant, en ligne droite ou en zig-zag, peu lui importe, pourvu qu'il arrive.

Comme la sensitive, il semble recevoir les impressions diverses qu'on cherche à lui donner ; il est de l'avis de tous, paraît approuver avec un fin sourire la pensée la plus déraisonnable, et laisse toujours celui qui le quitte enchanté de ses manières, le faiseur de projets, la femme à hautes prétentions, le diplomate à qui il donne le change, le plus habile courtisan auquel il en revendrait. Le prince de Talleyrand, dans son bon temps, accueillait chaque individu avec une affabilité extrême; il était presque caressant; mais aucun geste, aucune pensée intérieure n'échappait à l'attention de son petit œil bleu, si bien qu'à la fin de l'audience il vous savait par cœur des pieds à la tête; il ne lui restait plus rien à apprendre, et ce n'était pas dans votre intérêt qu'il vous avait écouté. Il possédait et sans doute il possède encore ce tact exquis, ce ton parfait, ce persiflage piquant et gracieux à la fois qui font fortune dans la bonne compagnie. Vous croyez qu'il vous caresse, regardez-y de près et vous verrez le sang couler. Enfin, c'est un assemblage de mille contrastes les plus opposés. Il est certain qu'on parlera de lui longtemps et qu'on ne le jugera jamais parfaitement, car il s'arrange de manière que, de quelque côté qu'on l'envisage, on ne le voit que sous un faux jour.

Ce prince, au moment de la première restauration, pouvait se reposer dans son ouvrage. C'était à lui que les royalistes devaient l'accomplissement de leurs espérances ; il leur avait véritablement rendu leur roi, car, sans lui, le jeune Napoléon eût succédé à son père. Il joua dans cette circonstance tous ceux qui se méfiaient de lui ; il renversa les prévisions et détruisit, à force de finesse, un trône que toutes les forces de l'Europe avaient à peine ébranlé sur sa large base. Il en fut médiocrement récompensé : il conserva son titre de chambellan, perdit sa principauté italienne, gagna le cordon bleu et entra au ministère : ce fut tout. Plus tard, on l'envoya au congrès de Vienne, où il se montra encore l'ennemi acharné de Napoléon.

Le départ de la régence une fois résolu, M. de Talleyrand conseilla de l'effectuer le plus tôt possible. Dans la nuit toutes les dispositions furent faites, toutes les mesures arrêtées. Le désordre qui régna pendant ce temps aux Tuileries fut extrême. Les femmes et les domestiques couraient d'un appartement à un autre ; toutes les bougies expiraient dans les flambeaux. Les officiers de la maison de l'Impératrice étaient dans le plus grand trouble; la plupart de ses dames fondaient en larmes.

A six heures, seize premiers fourgons, escortés par de la cavalerie, quittèrent le château. A huit heures, les voitures de voyage vinrent se ranger devant le vestibule du pavillon de Flore; à huit heures et demie, un écuyer donna l'ordre de reconduire les voitures aux écuries; mais Cambacérès étant arrivé, un valet-de-pied courut presque immédiatement après les voitures pour les faire revenir. Pendant ce temps on acheva les derniers préparatifs du voyage; le Carrousel et la cour des Tuileries étaient encombrés de curieux que des sentinelles, placées de distance en distance, empêchaient d'approcher des bâtimens dont presque toutes les fenêtres étaient ouvertes; enfin, à neuf heures un quart, l'Impératrice, vêtue d'une amazone, monta avec son fils, M. le comte d'Haussonville, son chambellan, et mademoiselle de Montesquiou, dans une voiture qu'entourait un détachement de chasseurs de la garde. Cette voiture et celles qui la sui-

vaient défilèrent au milieu de nombreux spectateurs, qui tous gardèrent le plus morne silence.
Elles suivirent le quai le long de la terrasse du
bord de l'eau ; d'autres voitures, où se trouvaient les personnes appartenant au service, et
celles du sacre, couvertes d'une toile gommée,
passèrent ensuite : la reine Hortense partit une
des dernières, emmenant avec elle son fils, son
précepteur et une de ses femmes.

Le plus difficile n'est pas toujours d'obéir à
son devoir, mais de choisir de deux devoirs.
Placée entre deux souveraines, l'une sa mère,
l'autre sa souveraine, elle n'hésita pas, parce
qu'elle s'était dit d'avance que sa place devait
être auprès de celle qui lui paraissait la plus
malheureuse.

Marie-Louise coucha à Rambouillet le 29, le 30
à Chartres, le 31 à Châteaudun, et le 1er avril
à Vendôme, où elle arriva sur les trois heures de l'après-midi. On avait commencé récemment une route de Vendôme à Blois ; mais elle
n'était pas encore entièrement terminée. Les
voitures s'embourbaient dans la fange, et, pour

les en tirer, il fallait la force de tous les chevaux sur quelques-unes d'elles, et, quand on les eut fait sortir, on ne put faire avancer les autres que de la même manière.

On avait expédié un courrier au préfet de Blois, qui déjà s'était rendu sur la limite de son département pour *complimenter* Marie-Louise. Il reçut l'ordre de retourner en toute hâte au chef-lieu, afin de déménager l'hôtel de la préfecture et d'y faire tout disposer pour la réception de l'Impératrice, du Roi de Rome et des parsonnes qui accompagnaient Leurs Majestés. En même temps les principaux habitans et fonctionnaires, ceux surtout les plus voisins de la préfecture, avaient reçu l'invitation de préparer des logemens pour Madame mère, pour ses fils, Joseph et Jérôme, pour Cambacérès, pour les ministres, les chefs d'administration, enfin pour les troupes qui servaient d'escorte.

Le samedi 2 avril arriva à Blois, dès le matin, le premier détachement de cavalerie suivi de presque tout le bagage, et notamment des seize fourgons qui contenaient le trésor. Les courriers se succédèrent d'heure en heure. Sur les trois heures, le préfet partit pour venir au-devant de nous à une lieue de la ville. La garde nationale et la garnison devaient former la haie sur notre passage. Enfin, sur les cinq heures, nous fîmes notre entrée au milieu d'une foule immense et d'un silence qui ne fut jamais inter-rompu.

Les ministres, qui avaient poussé jusqu'à Tours, se hâtèrent de revenir. Plusieurs étaient encore à Orléans; d'autres s'étaient enfuis jus-qu'en Bretagne. De ce nombre étaient M. le comte Bigot-Préameneu, ministre des cultes, et le gé-néral baron Pommereuil, attaché au ministère de l'intérieur ou de la police, et qui avait sans doute regardé l'exercice de ses fonctions paisi-bles comme peu compatible avec le tumulte des armes. Quant aux ministres de la justice et de la police, ils avaient pris d'avance la route de Tours, où ils paraissaient fort pressés d'arri-ver, croyant que cette ville avait été choisie pour lieu de la résidence de Marie-Louise, qui, après avoir été pendant trois jours privée de nouvelles de son époux, en avait enfin reçu à Vendôme; mais elles changeaient notre destination et fixaient définitivement à Blois le siége de la régence.

Le dimanche 3, jour des Rameaux, il y eut messe au palais; elle fut dite par le curé de Saint-Louis, paroisse de Blois; car ni aumônier, ni chapelain, ni clercs de la chapelle impériale ne se trouvaient parmi les personnes de la suite de l'Impératrice, qui y assistèrent toutes avec nous. Après la messe, il y eut conseil des ministres. A cinq heures, Marie-Louise reçut les autorités civiles et militaires de la ville, sans discours de leur part et par conséquent sans réponse de la sienne. Sa Majesté, suivie du Roi de Rome, passa au milieu de ces autorités que conduisait le préfet. A chacune des personnes qu'il lui présentait en déclinant son nom et sa qualité, l'Impératrice répondit : « *Ah! j'en suis bien aise!* » La tristesse était peinte sur tous les visages.

Le lundi 4 s'écoula dans l'incertitude et dans

l'ignorance de toutes nouvelles de Paris ; seulement nous apprîmes qu'un roulier qui en était parti avec un passe-port signé *Sacken* avait dit que tout était très-tranquille dans la capitale. Il n'en était pas de même à Blois, où l'on était fort inquiet. Les ministres, après l'heure du déjeûner, se rendirent en bottes chez l'Impératrice, et y délibérèrent jusqu'au moment du dîner, sans qu'il transpirât d'autre résultat que des conjectures fondées sur ceci :

A trois heures de l'après-midi, les frères de Napoléon, Joseph et Jérôme, accompagnés du ministre de la guerre, sortirent du conseil, montèrent en voiture et partirent de Blois. Le but de leur voyage était, dit-on, de s'assurer s'il ne convenait pas d'établir la régence à Orléans, afin de rendre les communications avec l'Empereur plus faciles. Il paraît qu'arrivés dans cette ville, ils reçurent à trois heures du matin des dépêches de Fontainebleau, où le mécontentement de l'Empereur contre la régence, contre eux, contre nous tous, éclatait en des termes qu'avait dictés le mécontentement de voir sans cesse ses intentions méconnues. Il attribuait la prise de Paris à la fuite de son frère, qui l'avait abandonné malgré l'ordre qu'il lui avait donné d'y rester à quelque prix que ce fût. Il manifestait l'intention de se porter sur Paris, avec les forces qu'il avait près de lui, et de mourir s'il était vaincu.

Le mardi 5, MM. Regnault et Lacuée, chargés d'une mission de l'Impératrice, passèrent la Loire. On croit qu'ils étaient envoyés vers l'empereur d'Autriche.

Le mercredi 6, retour de MM. Regnault et Lacuée, dont l'absence, comme on voit, n'avait point été longue. L'ingénieur en chef du département inspecta les abords de Blois. Il y eut une revue passée par le ministre de la guerre. L'Impératrice y assista.

Départ de Blois de toutes les charrettes, fourgons et voitures inutiles, notamment de cellè du sacre, qui fut envoyée à Chambord. Arrivée des Écoles polytechnique, de Saint-Cyr et de Charenton avec les pages. Entrée de beaucoup de troupes, tant infanterie que cavalerie et artillerie. La ville de Blois était déjà pleine ; il n'y avait pas un habitant qui n'eût partagé sa maison, sa chambre, et même cédé son lit à de nouveaux hôtes. Il était question de former deux camps aux environs de la ville.

Le bruit d'une suspension d'armes courut au palais; l'Impératrice ne nous en dit pas un mot. Ce qu'elle ne nous dit pas non plus et qui fut ignoré de la ville entière, c'est que les deux ponts, celui de Beaugency et celui de Tours, étaient minés; une de leurs arches, celle du milieu, recélait 6oo livres de poudre. Nous dormions sur un volcan dont l'irruption seule nous aurait révélé l'existence de ce fatal secret.

La dernière nouvelle du jour fut l'arrivée de deux malles de Paris qui avaient été escortées pas des troupes alliées jusqu'à Mont-Désir, bureau de poste entre Étampes et Angerville; arrivées à Orléans, le préfet avait cru devoir les faire arrêter et diriger sur Blois.

Le jeudi saint 7 avril, la messe fut dite au palais par l'aumônier des pages; il y eut ensuite conseil des ministres.

Tout le monde ignorait quand et comment

finirait cet état de choses. Les ministres, toujours bottés et prêts à partir, se rendirent au palais comme de coutume, lorsque l'on apprit, sur les deux heures de l'après-midi, que le comte de Schouwalow était arrivé à l'auberge *de la Galère* et qu'il venait chercher l'Impératrice. De la part de qui ?..... c'est ce qu'on aurait bien voulu savoir.... Il arrivait seul et sans suite. Personne n'ouvrit la bouche, soit pour contester sa mission, s'il en avait une, soit pour la connaître ; mais, peu d'instans après son arrivée, les ministres quittèrent le palais, et il nous fut facile de lire sur le visage de Leurs Excellences, où la consternation n'était plus déguisée, le dernier soupir du gouvernement impérial. Cette vérité acquit une nouvelle force à nos yeux dans une circonstance que nous ne voulons pas omettre.

Ces messieurs étaient partis de Paris si précipitamment qu'ils n'avaient eu ni le temps ni sans doute la pensée de se munir de passe-ports, croyant que leur dignité serait une sauve-garde suffisante pour leurs personnes ; mais autant cette sauve-garde avait été sûre pour le départ, autant elle devenait vaine et même dangereuse pour le retour. Il leur fallait traverser un long cordon de troupes étrangères, et l'on sent qu'aux yeux de ces troupes la qualité de ministre de Napoléon, loin d'être un titre de recommanda-tion, était tout-à-fait propre à exposer ceux qui en étaient revêtus. Ces messieurs délibérèrent donc sur cet incident qu'ils n'avaient point prévu, et ils résolurent, pour se tirer d'embar-ras, de demander des passe-ports au maire de Blois, quitte à prier le comte de Schouwalow d'y apposer son *visa*. La première de ces deux demandes ne souffrait aucune difficulté ; mais c'était la seconde qui ne devait pas être aussi facile à obtenir.

Il y avait en effet peu de temps que ce géné-ral autrichien était à Blois, lorsqu'il vit entrer chez lui la plupart des membres du gouverne-ment qui lui présentèrent leurs passe-ports à signer.

Bientôt la chambre de l'auberge de *la Galère* se trouva trop petite pour contenir le nombre des solliciteurs. Tous voulaient être expédiés et chacun demandait à l'être le premier. Le général répondit, en les recevant, qu'il était plein de considération pour eux, mais que, ne pouvant suppléer au peu d'instans qu'il avait à leur donner, il priait chacun ou d'attendre ou de revenir. Il eut cependant pour les ministres des égards qui purent leur faire juger qu'il connaissait la conduite de chacun d'eux : ainsi, il se prêta à tout ce qui pouvait convenir au duc de Feltre, et il ne signa le passe-port du duc de Rovigo qu'après avoir effacé d'un trait de plume sa qualification de *duc* et y avoir substitué à la marge les mots : *M. Savary*.

Délivrés d'un si grand motif d'inquiétude, les ministres ne dédaignèrent pas de tourner leur attention vers un objet moins important : ils prirent des mesures relatives au paiement de l'arriéré de leurs traitemens. Le ministre du trésor et le trésor lui-même étaient sur les lieux : rien ne s'opposait au dernier parti qu'on pouvait tirer de l'un et de l'autre. Cette mesure ne trouva point de contradictions ; chacun reçut ce qui lui revenait, avec quelques gratifications pour les frais du voyage. Nous ne parlons pas de Madame mère, qui reçut 375,000 francs, léger supplément à ajouter à un fourgon qui pensa rester dans les chemins de la Beauce (malgré le nombre des chevaux qui furent employés à l'en tirer), et qui occupa au moins aussi long-temps l'attention des curieux qui se trouvaient sur la route, qu'une forte cassette à six anneaux qui exigea le secours de six hommes pour être déplacée : on croit qu'elle appartenait à un des ministres.

Ainsi se termina la journée du vendredi saint 8 avril. Tout le monde prit des passe-ports d'une main, de l'argent de l'autre, et les plus zélés se hâtèrent d'envoyer leur adhésion aux actes du gouvernement provisoire.

Le samedi 9, Marie-Louise partit pour Orléans. On lui fit encore une vaine et illusoire réception de souveraine; les troupes étaient sous les armes, et les acclamations du public l'accompagnèrent jusqu'au palais qui lui avait été préparé; c'était l'archevêché. Cependant tout ce qui s'était passé à Paris et à Fontainebleau était connu de tout le monde. On ne pouvait s'em-

pêcher de faire de tristes réflexions en voyant
la ville d'Orléans pleine de troupes. Nous en
avions laissé bien davantage à Blois, et cela d'a-
près les dispositions du ministre de la guerre.
Comment n'avaient-elles pas été réunies aux
corps des maréchaux Mortier et Raguse, destinés à la défense de Paris ? On ne peut en donner aucune raison, sinon qu'on ne l'avait pas
voulu ; mais assurément ces divers corps s'élevaient à plus de douze mille hommes : que l'on
ajoute à cela l'arsenal de Paris, et l'on sera forcé
de convenir que l'on avait manqué de tête ou de
cœur, et que l'Empereur avait été, sinon trahi,
du moins bien mal servi dans cette circonstance.

A peine étions-nous à Orléans qu'on vit arriver un agent du gouvernement provisoire.
On ne sut d'abord quel objet pouvait l'amener ;
mais, comme il était tout fraîchement sorti du
donjon de Vincennes, où la police de l'Empereur l'avait retenu pour certaines irrégularités
dans ses fonctions de comptable, sa mission ne
devait annoncer rien de bon. C'était M. Dudon.
Il venait, porteur d'un ordre, redemander les

diamans de la couronne, le trésor, l'argenterie, etc., etc.

Toutes les fois que l'Impératrice partait pour un voyage de représentation, la dame d'atours remettait à la première femme-de-chambre les parures dont elle pouvait avoir besoin. Celle-ci en donnait un reçu qu'on lui remettait en rendant ces bijoux. Cela avait été exécuté au moment du départ de Paris. Le reçu des diamans que l'on avait emportés avait été donné à M. La Bouillerie, et c'était lui qui nous envoyait M. Dudon. Une contestation s'éleva alors entre ce dernier et la première femme de Marie-Louise. Il réclamait un esclavage de perles que l'Impératrice portait au cou dans le moment. Ce collier, composé d'un seul rang, était magnifique; il pouvait valoir 4 ou 500,000 francs, et lui avait été donné par Napoléon peu de temps après ses couches; il avait toujours fait partie de son écrin particulier; jamais M. La Bouillerie ne l'avait réclamé : il fut exigé par M. Dudon. La première femme vint soumettre cette discussion à Marie-Louise, auprès de qui nous nous trouvions avec beaucoup de monde dans le salon. Aux premiers mots, l'Impératrice détacha elle-même son collier et le donna à cette dame en lui disant : « Le voici, remettez-le à l'instant, et ne faites aucune observation. »

M. Dudon ne s'en tint pas là ; il s'empara encore du peu d'argenterie que l'on avait emporté pour le service de l'Impératrice et de son fils ; il ne leur laissa pas même un couvert d'argent, et poussa les choses au point que l'on fut obligé d'emprunter les couverts et même la porcelaine de l'évêque, chez qui Marie-Louise était logée, pour la servir pendant les deux jours qu'elle passa encore à Orléans.

Il faut qu'on sache que lors de l'arrivée de l'Empereur aux Tuileries, comme premier consul, il n'y avait pas une cuillère d'argent dans ce château, pas une seule pièce de vaisselle, ni linge, ni porcelaine, ni même le moindre ustensile de cuisine. Tout ce qui exista depuis fut acheté sur les économies de son traitement de premier consul, ensuite sur sa cassette particulière, et non avec les deniers de l'État.

Les diamans de la couronne avaient tous été achetés ou retirés par lui des lieux où on les avait mis en gage avant son avénement à l'Empire. Quant à l'argenterie, nous nous rappelons très-bien encore l'époque où Joséphine était obligée d'en louer à un orfèvre de Paris, lorsque l'Empereur avait beaucoup de monde à dîner aux Tuileries.

Le 11, l'Empereur écrivit à l'Impératrice qu'elle eût à congédier toutes les personnes qui étaient encore près d'elle et qui avaient appartenu au gouvernement ou à sa maison. Elle fit connaître cet ordre, et chacun s'empressa de venir lui offrir les dernières marques de son respect, en lui témoignant la part que l'on prenait à son malheur.

Dans cette triste circonstance, on vit Marie-Louise faire les adieux les plus touchans à tous ceux qui l'avaient accompagnée : « Quant à moi, dit madame de Saint-Leu, n'écoutant que mon attachement pour cette princesse, je priai la comtesse de Brignolle, qui restait toujours auprès d'elle, de lui dire que mon bonheur serait

de la suivre partout où ses destinées la condui-
raient ; elle me fit répondre qu'elle était pénétrée
du sacrifice que je lui ferais en m'expatriant;
qu'elle m'engageait à y bien penser, parce que
j'avais une mère tendre qui, autant qu'elle, devait
avoir besoin de consolations; mais, du reste, que
si cela était ma dernière intention, je n'aurais
qu'à venir la trouver dans trois ou quatre jours
à Rambouillet, où elle devait se rendre à une
entrevue que lui avait assignée l'empereur son
père.

» J'y allai en effet le 15 suivant; elle me fit appeler; elle était seule, et, dans l'entretien que j'eus
avec elle, elle me fit encore beaucoup d'observations sur ce qu'elle appelait des *sacrifices* de
ma part; je n'en persistai pas moins dans ma résolution de suivre sa fortune, parce que j'espérais toujours qu'elle ne pourrait se séparer de
mon beau-père. Alors, me voyant décidée
comme auparavant, elle me dit :

« Mon intention n'est pas d'avoir de grande-
maîtresse; mes nouveaux Etats sont trop petits.

— » Je crois, madame, répliquai-je, qu'on

peut fort bien vivre auprès de Votre Majesté sans être sa grande-maîtresse. D'ailleurs je la supplie de croire qu'en lui demandant de la suivre, ce n'est ni l'ambition ni le désir d'occuper une haute charge auprès d'elle qui me guident; le dévoûment seul dirige ma pensée.

— » Voulez-vous être ma dame d'honneur ?

— » Votre Majesté me permettra de dire non, quelque brillante d'ailleurs que soit cette place, et quelque honorable que soit ce service auprès d'elle; j'ai eu aussi une grande-maîtresse et une dame d'honneur, et si je refuse, ce n'est nullement dans la crainte de déroger. »

» Marie-Louise ne comprenant pas tout ce que son offre avait de déplacé, je lui expliquai le plus délicatement qu'il me fut possible les causes de mon refus d'être attachée à son service, tout en tâchant de lui faire comprendre le plaisir que j'aurais à l'être à sa personne; mais elle ne comprit pas, et cette conversation en resta là. Quand même j'avais la certitude que M. de Metternich n'aurait pas voulu me souffrir auprès d'elle.

» Le lendemain de cet entretien, madame de Brignolle étant indisposée, M. de Menneval étant resté à Blois et M. de Beausset je ne sais où, je déjeûnai seule avec l'archiduchesse, qui, au sortir de table, passa, selon son usage, dans la salle de billard. Après m'avoir fait faire trois parties qu'elle perdit les unes après les autres, elle me dit en posant sa queue :

« Mon bain de ce matin m'a fatiguée; je vous demande la permission de m'asseoir. »

» Une profonde inclination fut ma réponse; cependant je crus devoir ajouter :

« Votre Majesté l'a peut-être pris un peu trop chaud?

— » Je ne les aime que bouillans, » me répondit-elle.

» Alors la conversation s'engagea sur son départ de Paris, sur sa position actuelle, sur celle de mon beau-père, sur la nôtre, et enfin sur les graves événemens qui se préparaient. Voici la réponse textuelle à cette dernière considération.

« Croyez, madame, que je passerai encore des

jours heureux et beaucoup plus heureux peut-être que si j'étais restée en France. La régence m'ayant été dévolue, vous connaissez trop bien l'histoire pour ignorer que régence et troubles sont à peu près synonymes. D'ailleurs l'Empereur m'avait forcée de donner ma confiance à des gens que je n'aimais ni n'estimais. »

» A ces mots je fus comme anéantie, je ne pus répondre une seule parole ; le voile venait de se déchirer, je n'avais plus d'illusions. Quelques minutes après, lui ayant demandé la permission de me retirer, elle me répondit : *A votre aise.* Je quittai Marie-Louise, presque fâchée de la démarche que les sentimens que je portais à mon beau-père m'avaient engagée à faire auprès d'elle.

» Après lui avoir fait dire par sa dame d'honneur que je comptais retourner à Paris le jour même et que j'attendais ses ordres, et n'en ayant reçu aucun, je quittai Rambouillet à quatre heures du soir, avec l'intention de rejoindre ma mère, que j'aurais peut-être mieux fait de ne pas délaisser pour suivre Marie-Louise. Une chose

cependant me laissait à penser : c'était la froideur que l'Impératrice m'avait témoignée après
l'entrevue qu'elle avait eue avec son père, et
l'espèce d'insouciance qu'elle avait montrée sur
les événemens qui venaient de se passer et sur
la délicatesse de sa nouvelle position. Il devait y
avoir nécessairement quelque chose là-dessous;
mais je ne m'en occupai plus, une fois éloignée
de Rambouillet, et je fis bien.

» Le 12, le prince Esterhazy vint chercher l'archiduchesse pour la reconduire à Vienne. Elle
se mit en route le lendemain, escortée par les
troupes de son père; elle suivit la même route
qu'avaient tenue les alliés pour venir de Bâle à
Paris.

» Quelques jours avant son départ, Madame
mère avait quitté Blois avec son frère le cardinal Fesch, qui y était arrivé la veille seulement par des chemins longs et affreux, après
bien des détours.

» Lors des premières alarmes qu'on avait eues
à Lyon, vers la mi-janvier 1814, l'oncle de
l'Empereur s'était trouvé partagé entre ses affec-

tions pour sa famille et ses devoirs envers sa patrie. La voix du sang, plus forte, l'avait emporté dans le cœur de Son Eminence. Elle avait quitté son siége et suivi les autorités civiles à Roanne, peu satisfaite de l'esprit manifesté par les Lyonnais. De Roanne le cardinal était allé à Pradines, dans une maison de religieuses qu'il avait fondée; mais bientôt il fut obligé d'abandonner ce lieu de retraite, après avoir manqué d'y être fait prisonnier par un détachement de Cosaques que le hasard y avait amené, et qui ne laissa à Son Éminence que le temps de monter à cheval et de fuir à la hâte. De Pradines elle gagna l'Auvergne, puis le bas Languedoc, et enfin les bords de la Loire, où elle se rendit à travers les montagnes du Vivarais. Le cardinal arriva à Blois au moment même où il nous en fallut partir; il fit ses dévotions avec Madame mère à Orléans le jour de Pâques, et ils partirent le lendemain pour Rome.

» Ils paraissaient tous deux fort accablés de tout ce qui venait de se passer, Madame mère surtout. Sa dame d'honneur, madame de Fon-

tanges, qui l'avait suivie à Blois, se sépara d'elle ;
il fallut trouver quelque autre dame pour la remplacer sous un titre plus modeste : cela fut impossible à Orléans.

» Mes oncles Jérôme et Joseph quittèrent Blois
presque en même temps que moi. Quant à Louis,
que je ne vis pas une seule fois tant qu'il séjourna
dans cette ville, il crut devoir y rester lors même
qu'aucun de nous n'y était plus. Il semblait avoir
trouvé dans la religion une source de consolations durables et solides. J'appris que le jeudi
saint il avait communié et assisté à tous les of-
fices à l'église de Saint-Louis, en uniforme de
général de division.

» Cependant, le 20 avril, il avait quitté Blois
pour aller en Suisse, où il comptait se fixer dans une
terre qu'il possédait aux environs de Lausanne,
et que je n'avais jamais eu la curiosité ni le loisir
de visiter. Là, il devait vivre avec la pension qui
lui avait été accordée par le traité du 11 avril,
jointe à une dotation que lui avait conservée la
Hollande.

» Le sort de mon beau-père, celui du Roi de

Rome, de Marie-Louise, de ma mère, le mien, celui de mon mari et de toute la famille impériale, avaient été fixés par les ministres des souverains alliés, dans le traité signé à Paris le 11 avril 1814, ainsi qu'il suit :

» L'île d'Elbe avait été indiquée à Napoléon comme lieu de résidence *pendant sa vie*, avec le titre d'*Empereur* et un revenu annuel de 2 millions de francs de rentes inscrits au grand-livre ; la moitié de cette somme était reversible après sa mort sur la tête de l'impératrice Marie-Louise, à qui les duchés de Parme, de Plaisance et de Gustalla étaient donnés en toute propriété et souveraineté ; ils devaient passer après sa mort à son fils et à ses descendans en ligne directe : le titre de prince de Parme, de Plaisance et de Gustalla lui était accordé. La pension de ma mère était réduite à 1 million en domaines ou en inscriptions sur le grand-livre ; 400 mille francs de pension m'étaient donnés pour moi et mes enfans ; Louis n'en avait que 200 mille. Madame mère recevait 300 mille francs; mon oncle Joseph et sa femme, 5oo mille; Jérôme et sa femme, 5oo mille; mes tantes Elisa (Bacciochi) et Pauline (Borghèse), chacune 3oo mille francs. Un établissement convenable *hors de France* était promis au vice-roi d'Italie mon frère. Mon oncle Lucien avait été sans doute oublié à dessein, car il n'était nullement question de lui. Du reste, nos rangs et nos titres nous étaient conservés.

» Depuis plusieurs jours je n'avais reçu aucune nouvelle de ma mère. En arrivant à Paris, j'appris qu'elle était revenue de Navarre à Malmaison; je m'empressai d'aller l'y trouver. Elle avait prévu tous les malheurs qui nous accablaient. Lorsqu'elle avait appris que Marie-Louise allait quitter la capitale, elle n'avait pas douté un seul instant que de nouvelles catastrophes ne menaçassent Paris. Elle résolut de fuir au plus vite; mais, troublée par la crainte de se voir livrée aux alliés, elle avait flotté incertaine sur la retraite qu'elle devait se choisir. Enfin elle s'était déterminée à aller à Navarre; à peine y avait-elle passé quelques jours, qu'elle avait reçu l'invita-

tion de se rendre aux vœux que les souverains alliés manifestaient de la voir à Malmaison.

» Son émotion fut grande en revoyant les lieux
qu'elle chérissait à tant de titres. Déjà une garde
d'honneur y veillait. Sa propriété avait été respectée, et le lendemain de son arrivée elle s'é-
tait trouvée, pour ainsi dire, au milieu d'une
nouvelle cour, composée des personnages les
plus marquans de l'Europe.

» Ce fut le 18 avril que l'empereur Alexandre
lui fit sa première visite. Mon frère et moi étions
seuls avec elle, et nous parlions de ce prince
lorsqu'il se fit annoncer. Ma mère, avec sa grâce
accoutumée, exprima combien elle était flattée
de cette démarche. Alexandre lui répondit que
*c'était un hommage qu'il était heureux de lui
rendre :*

« Madame, je brûlais du désir de vous voir,
ajouta-t-il, car depuis que je suis en France
je n'ai entendu que bénir votre nom dans les
chaumières comme dans les châteaux, et je me
faisais un plaisir d'apporter à Votre Majesté

les bénédictions dont je me suis chargé pour elle. »

» Voyant que ma mère et le czar s'éloignaient un peu de nous, sans doute pour pouvoir causer plus librement, mon frère et moi crûmes devoir nous tenir un peu à l'écart. Ils passèrent au jardin, où ils se promenèrent environ vingt minutes; l'Empereur lui donnait le bras. En rentrant, il nous fit un accueil charmant. Il nous dit qu'il se chargeait de nous présenter à Louis XVIII, en assurant à mon frère que Sa Majesté avait l'intention de le faire maréchal de France, et que, bien que la paix fût sur le point d'être signée, il était persuadé que dans l'occasion le roi l'emploierait avec confiance : « Votre conduite, lui dit-il, peut être citée comme un exemple à l'armée ; vous êtes, monsieur, le Bayard du siècle. » En prenant congé de nous, il nous témoigna toute sorte d'intérêt ; et puis, se tournant vers moi : « Madame, me dit-il, j'avais l'intention de vous faire ma visite, vous croyant à Saint-Leu ; je vous prie de ne pas compter celle-ci. J'irai vous voir. » Nous le reconduisîmes tous trois jusqu'au vestibule, et, après nous avoir fait de la main un signe d'adieu fort gracieux, il remonta dans sa voiture, où l'un de ses aides-de-camp l'avait attendu, et reprit la route de Paris. Sa Majesté n'avait aucune escorte. »

CHAPITRE ONZIEME.

—

1814.

—

—

Ce fut le 3 mai 1814 que Louis XVIII fit son
entrée à Paris. De Boulogne, où il était débarqué,
il était venu à Compiègne. Là, les membres du

gouvernement provisoire , les ministres et les
maréchaux de France lui avaient présenté leurs
hommages et lui avaient offert les assurances de
leur fidélité. Napoléon avait quitté Fontainebleau le 20 avril précédent, pour se rendre à
l'île d'Elbe : il lui eût été trop cruel de voir ces
hommes qu'il avait élevés, enrichis, déserter ses
drapeaux pour courir au-devant d'une nouvelle
fortune. Le croira-t-on? ce fut Berthier, son
compagnon d'armes, son ami, qui, à la tête des
maréchaux, porta la parole au roi, en lui disant,
entre autres choses, que, depuis vingt-cinq ans,
la France, gémissant sous le poids des malheurs
dont elle était accablée, attendait avec impatience
le jour fortuné qu'elle voyait luire !.... Et il n'y
avait qu'une semaine, qu'à Fontainebleau, il promettait à Napoléon de ne jamais l'abandonner.
Berthier était l'ami choisi par lui pour aller à
Vienne chercher la fille de l'empereur d'Autriche.
De Compiègne, le roi vint à Saint-Ouen, où il reçut le Sénat, qui reçut la douzième ou quator-
zième constitution par laquelle il croyait avoir
immuablement fixé sa destinée.

La portion riche et bien élevée de la capitale se chargea, cette fois, de faire les frais d'enthousiasme dont le peuple a toujours largement gratifié les hommes qui frappent son imagination mobile et irréfléchie. Le soleil brillait de tout l'éclat du printemps, et ajoutait encore à la magnificence de ce spectacle si nouveau. Des gendarmes ouvraient la marche ; suivaient ensuite une foule d'officiers à cheval. Les uns, ennemis la veille sur le champ de bataille, venaient demander leur part aux distributions royales ; les autres, vieux serviteurs de la monarchie, avaient long-temps tendu la main aux largesses impériales. Par une distinction bizarre, ou par une dérision cruelle, deux compagnies de grenadiers de la vieille garde précédaient cette troupe d'automates dorés. L'aspect de ces vieux guerriers couverts de cicatrices, les yeux baissés, l'humiliation peinte sur leur visage brûlé, inspira une noble compassion. Enfin, parut le roi dans une calèche découverte, accompagnée de la duchesse d'Angoulême et des deux princes de Condé. Berthier était à cheval à l'une des portières de la calèche, et le duc de Feltre à l'autre. Nous nous rappelons que ce dernier avait dit devant Marie-Louise, à l'un des derniers conseils de régence tenu aux Tuileries : « Tant qu'il restera un village où l'autorité de l'Empereur sera reconnue, là sera la capitale et le lieu où tous les Français devront se réunir. » Si on n'avait vu à cheval à côté de la voiture du roi que les hommes qui avaient partagé les malheurs de son exil, cela aurait paru naturel; mais voir figurer à sa suite ceux qui occupaient les premières places dans les marches triomphales de Napoléon, n'était-ce pas indécent? La pauvre espèce humaine est bien faible ; elle a besoin de n'être pas mise à de trop fortes épreuves.

L'énorme embonpoint de Louis XVIII, son regard dur, et la physionomie sévère de la duchesse d'Angoulême, déconcertèrent un peu à mesure qu'on les vit de plus près, et à peine quelques heures se furent-elles écoulées, qu'il ne resta plus dans la masse du peuple qu'une froide indifférence pour l'heureux frère de l'infortuné Louis XVI.

Cependant, de ces quatre personnages, un seul aurait dû inspirer un intérêt profond. La vue du roi ne rappelait aucun souvenir; les deux autres princes ne représentaient qu'un vieux nom monarchique et une perte cruelle : c'était donc la fille de la malheureuse Marie-Antoinette, livrée si jeune à toute la barbarie de la tyrannie révolutionnaire, privée de ses parens morts sur l'échafaud, délaissée au fond du cachot d'une vieille tour, et passant lentement devant ce Palais-de-Justice d'où sa mère était sortie sur une charrette, insultée par des furies, pour aller périr devant le palais que sa fille allait habiter. Que de souvenirs cruels, que de sentimens de compassion ne devait-elle pas voir éclater sur son passage ! Et cependant, tous les cris de joie, tout l'enthousiasme furent prodigués au vieux monarque. Une raison politique l'emportait-elle sur des sentimens d'humanité? Ou bien les femmes, qui dominaient dans cette foule, étaient-elles condamnées à faire une part plus faible à leur sexe ?

Le premier soin de Louis XVIII, en arrivant

aux Tuileries, fut d'organiser sa maison. Ce dut être une grande affaire d'étiquette. Le roi n'oublia aucun des noms qui avaient droit aux charges. Ce fut ainsi que M. de Richelieu fut appelé au poste de premier gentilhómme de la chambre, et le prince de Condé à celui de grand-maître. M. de Talleyrand-Périgord fut nommé grand-aumônier. Ces grandes fonctions de palais ne furent pas une nouveauté pour le peuple parisien, habitué qu'il était aux somptuosités de la cour du grand empéreur. Il y avait alors une étiquette et un cérémonial aussi sévères, mais avec cette différence que la cour impériale était en rapport de mœurs et d'habitudes avec la nation et les Parisiens surtout, tandis que la nouvelle cour ne paraissait être qu'une réunion de personnages dont les manières et le costume présentaient de singuliers contrastes.

Toutes les femmes auxquelles on devait l'éclat des fêtes de l'Empire s'exilèrent peu à peu de cette cour qui ne leur offrait plus ni les mêmes plaisirs ni la même liberté.

Un grand luxe surtout avait été déployé dans

la formation de la maison militaire du roi. Ce qu'on appelait autrefois les *compagnies rouges*, qui se composaient de mousquetaires (gris et noirs), de chevau-légers, de gendarmes, de gardes-de-la-porte, de gardes-de-la-manche, etc., furent réorganisées sur l'ancien pied, c'est-à-dire d'après des réglemens faits sous Louis XIV et Louis XV. L'apparition de ces corps fit un très-mauvais effet sur l'armée.

Une affaire plus grave pour le roi était la formation du nouveau ministère. M. de Talley-rand avait rendu trop de services à la cause de la Restauration pour ne pas en être en quelque sorte le chef, quoique Louis XVIII ne l'aimât pas et l'estimât encore moins; en sa qualité de ministre des affaires étrangères, il composa le cabinet et s'adjoignit M. Dambray comme chancelier et ministre de la justice; l'abbé Montesquiou eut l'intérieur; la guerre fut confiée au général Dupont; la marine échut au baron Malouet, les finances à l'ex-abbé Louis, et M. de Blacas conserva le ministère de la maison du roi, dont il était en possession même avant son arrivée en

France. Nous ne parlons pas du grand M. Beugnot, à qui l'on fit l'aumône de la direction de la police, comme on donne un joujou à un enfant pour l'empêcher de pleurer; celui-là, plus que tout autre, eut le talent de se faire moquer. Nous l'avons entendu citer comme un homme d'esprit : peut-être le jugeait-on seulement sur ses paroles.

Le premier acte de son administration excita des réclamations universelles : il intimait l'ordre de cesser toute espèce de travaux les dimanches et fêtes. Il défendait aux cafetiers et aux restaurateurs d'ouvrir leurs établissemens avant une heure de l'après-midi, etc., etc. Empêcher les plaisirs des Parisiens le dimanche, et supprimer leur déjeûner, c'était trop à la fois; la police de Napoléon s'était montrée quelquefois inquiétante, mais du moins elle n'alla jamais jusqu'à mettre les gens à la diète.

A la même époque, se ranima à Paris le génie de la caricature. Une des plus malignes nous fut envoyée; elle faisait allusion aux regrets que l'on supposait à l'empereur d'Autriche ; elle

lui causa, nous assura-t-on, un vif mécontentement.

On avait dessiné une voiture armoriée dans
laquelle il était assis. L'empereur de Russie était
sur le siége; le duc de Wellington conduisait
en postillon; le roi de Prusse, debout et derrière,
semblait un domestique; tandis que l'ex-empe-
reur, à pied, tête nue, sans épée, sans épaulettes
et sans décorations, s'accrochait à la portière, en
disant à l'empereur d'Autriche :

« Beau-père, ils m'ont mis dehors.

— » Et moi dedans, répondait celui-ci. »

Toutes ces plaisanteries donnaient à penser.
Les uns y voyaient de funestes présages; les
autres en tiraient l'espérance d'un prochain
bouleversement.

Au milieu des plus touchans témoignages de
l'affection et de l'estime générale, tandis que
Joséphine était à la fois entourée de l'amour de
ses enfans et des hommages des plus puissans
souverains du continent, la mort vint tout-à-
coup la frapper.

Elle était sujette à des rhumes catarrheux

14.

qu'un peu de soin et quelque repos guérissaient promptement ; mais elle ne tenait aucun compte des avis et continuait de se vêtir aussi légèrement, de s'exposer au frais du soir, et de négliger le régime qui lui avait été expressément recommandé par son médecin. Qu'arriva-t-il? c'est qu'en revenant de Saint-Leu, un jour que sa fille avait donné un grand dîner aux souverains, Joséphine, qui avait absolument voulu y assister malgré un état de malaise assez prononcé, se trouva sérieusement indisposée en arrivant à Malmaison.

Elle envoya aussitôt chercher son médecin ordinaire, M. Horeau. Celui-ci crut devoir prescrire l'émétique pour le lendemain matin. Le surlendemain il la purgea. « Ma mère, dit madame de Saint-Leu, se sentant soulagée, reprit aussitôt sa manière de vivre. Je blâmai son imprudence; elle me répondit : « Bah ! ma chère enfant, cela n'était rien ; j'en ai vu bien d'autres avec Bonaparte! » Cette réponse ne me tranquillisa nullement, car je m'aperçus bien qu'elle souffrait. Peut-être tenait-elle plus à se cacher à elle-même ce

qu'elle ressentait véritablement, qu'à le dissimuler à toutes les personnes qui l'entouraient? moi
seule je ne me trompais pas : aussi, dès ce jour,
je pris la ferme résolution de ne pas la quitter,
quoiqu'elle employât plus d'un subterfuge pour
me faire retourner à Saint-Leu.

» Lord Beverley et ses deux fils vinrent déjeûner avec nous quelques jours après. Ce fut dans
cette circonstance que maman leur dit que, depuis
la chute de Napoléon, les Anglais étaient les seuls
qui eussent assez de générosité pour parler de
lui d'une manière convenable. Elle critiqua avec
raison ceux qui, loin de respecter un malheur
sans exemple, osaient non-seulement relever les
torts de l'Empereur après les avoir voulu justifier, mais encore en inventaient dont il ne s'était
jamais rendu coupable ; elle s'étonna aussi de ce
que Marie-Louise avait pu être retenue par des
considérations secondaires loin de l'époux qu'elle
disait aimer si tendrement : « Quoique je ne sois
plus sa femme, ajouta-t-elle, je partirais demain
pour aller le rejoindre, si je ne craignais de lui
causer quelques désagrémens avec la compagne

qu'il m'a préférée. C'est maintenant qu'il me serait doux d'être auprès de lui, pour l'aider à supporter l'ennui du séjour de l'île d'Elbe, et pour prendre la moitié de ses chagrins. Jamais je n'ai gémi autant d'un divorce dont je fus toujours si affligée. »

» De telles expressions, pour qui a connu ma mère, étaient sincères et nullement dictées par le désir de faire ressortir les torts de sa rivale. Les femmes surtout comprendront le redoublement d'attachement que lui inspirait la position de mon beau-père ; elles sont souvent inconséquentes, légères, mais rarement elles changent lorsque l'objet de leur affection a besoin d'elles. Il suffit souvent d'une grande infortune pour ranimer un amour presque éteint et pour rendre capable de tout sacrifier au bonheur de procurer quelques consolations à l'homme dont peu de jours auparavant on évitait la présence. La pitié, la compassion ramènent ces femmes plus que ne pourraient faire toutes les faveurs de la fortune ; aussi, n'expliquerai-je jamais l'étonnant abandon de Marie-Louise dans ces douloureuses circonstances. Comme impératrice, elle n'aurait jamais dû quitter l'Empereur ; sa place était à côté de lui, comme épouse ; comme mère, elle aurait dû le rejoindre à Sainte-Hélène. Là, elle eût été plus puissante, plus respectée, et peut-être plus heureuse qu'auprès de son père, entourée de toute la pompe d'une cour qui ne convenait plus à la femme de l'illustre proscrit. Ses apologistes les plus zélés ne parviendront jamais à la justifier, et je doute que la postérité la juge digne du grand homme auquel elle fut unie ; tandis que ma mère sera reconnue ce qu'elle était en effet, la meilleure des femmes, et la plus faite pour partager un trône à l'affermissement duquel l'attachement que lui portait la nation n'avait pas peu contribué.

» Le 10 mai, l'empereur Alexandre vint nous voir à Malmaison. Il y dîna. Le soir, ma mère voulut rester dans le salon, malgré les souffrances réelles qu'elle cherchait à combattre bon gré malgré. Elle-même, avant le dîner, avait proposé une partie de barres sur la belle pelouse qui borde le palais, en voulant à toute force y prendre part ; mais ses forces l'ayant bientôt trahie, elle fut contrainte à s'asseoir sur l'herbe et à se contenter de nous regarder jouer, bien que mon frère et moi n'en eussions guère envie. Quelques instans après être sortie de table, l'altération de ses traits fut remarquée par le czar, qui lui fit à ce sujet mille questions; elle lui répondit en souriant : « Sire, un peu de repos me remettra; » et Sa Majesté se retira, espérant qu'elle serait mieux le lendemain.

» Le jour suivant, étant parvenue à calmer les inquiétudes que son état commençait à lui causer, je voulus lui faire entreprendre sa promenade accoutumée; je lui donnais le bras. A peine avions-nous fait une centaine de pas qu'elle se trouva mal ; heureusement, j'avais toujours sur moi un flacon de sels anglais ; j'eus toutes les peines du monde à lui faire reprendre ses sens, n'osant la laisser seule dans cet état pour courir chercher du secours, ne voulant pas appeler, dans la crainte de l'effrayer davantage ; j'avais une inquiétude mortelle ; enfin, la voyant mieux, après l'avoir fait asseoir sur un petit tertre, je volai au palais avertir madame d'Arberg, et, à l'aide de deux valets-de-pied, nous pûmes la ramener et la faire monter dans sa chambre. Je la fis coucher aussitôt. Croira-t-on que, malgré son état de faiblesse, on ne peut plus alarmant, je fus obligée d'employer la menace, et pour ainsi dire la violence, pour la forcer à se mettre au lit? elle ne le voulait pas. J'envoyai aussitôt chercher mon frère; il arriva sur-le-champ.

» La journée ne fut pas bonne. Ma mère eut plusieurs évanouissemens successifs. La nuit fut plus mauvaise encore; une sorte de délire s'était déjà emparé d'elle; fortement agitée, elle parlait beaucoup, bien que le médecin le lui eût défendu expressément.

» Le 24 mai (c'était un vendredi), elle éprouva, en s'éveillant, un cuisant mal de gorge, qui ne fit qu'empirer l'après-midi. Elle attendait le roi de Prusse et l'empereur de Russie pour dîner. M. Horeau, lui trouvant beaucoup de fièvre, lui ordonna de rester dans son lit et d'éviter le moindre froid, d'autant plus qu'ayant été purgée encore la veille, il pouvait être d'un véritable danger de prendre l'air. Mais, voyant que ma mère ne paraissait pas disposée à suivre ses avis, il vint me prévenir, afin que j'essayasse d'obtenir de Sa Majesté qu'elle ne se levât pas. Je le lui promis. Toutes mes supplications furent inutiles. A quatre heures elle se leva, malgré moi, malgré les avis du médecin, malgré les dames. Elle voulut s'habiller comme à l'ordinaire ; en se faisant coiffer elle se trouva mal ; à peine finissait-on de la lacer qu'elle tomba en faiblesse ; elle descendit au salon, où ses augustes convives étaient déjà arrivés depuis plus de dix minutes. Mon frère leur avait tenu compagnie. A sept heures et demie nous nous mîmes à table ; mais, enfin, arrivée au milieu du dîner, ses maux augmentèrent tellement qu'elle fut forcée de se retirer pour se mettre au lit, après m'avoir chargée de la remplacer auprès de Leurs Majestés, près de qui elle s'excusa avec cette grâce et ce charme qu'on lui connaissait. Les deux monarques quittèrent Malmaison aussitôt après avoir pris le café : mon frère les reconduisit. Je remontai précipitamment chez ma mère : j'avais la mort dans le cœur.

» Dès le soir même, la maladie prit un caractère extrêmement sérieux. Le lendemain 25 mai, l'empereur Alexandre vint encore nous faire une visite. Il trouva maman fort changée depuis la veille, me fit quelques observations sur les soins qu'il croyait devoir lui être nécessaires dans cette triste circonstance, en me proposant de faire venir son médecin particulier. Je refusai, de crainte de désobliger celui de ma mère, en qui j'avais d'ailleurs une pleine confiance. Avant d'être attaché à sa personne, il l'avait été à celle de l'Empereur, en qualité de médecin par quartier; après le divorce, il l'avait suivie, ce qui faisait que maman estimait son caractère au moins autant que son talent.

» M. Horeau avait l'habitude de voir sa souveraine tous les matins; mais, dès que sa consultation était faite, il s'en allait soit à Versailles, soit à Saint-Germain, où il avait une nombreuse clientèle. Quelquefois il ne revenait pas le soir; mais cela ne l'empêchait pas d'être très-exact à sa visite du matin. Cette fois, il avait voulu rester à Malmaison. Mais, soit que ma mère voulût qu'il

continuât de voir ses malades, ou plutôt, craignant qu'il ne l'empêchât de se lever comme elle
en avait l'intention, elle le pressa de partir. Son
état n'avait alors rien qui pût inquiéter ; je dirai plus, il paraissait y avoir du mieux. M. Horeau céda donc et partit.

» Le soir, ma mère se trouvant tout-à-coup
très-mal, on envoya chercher un médecin de
Rueil. Celui-ci fut effrayé du danger dans lequel
se trouvait l'Impératrice, dont toutes les impru-
dences devaient avoir des suites si funestes. Il
jugea nécessaire d'appliquer immédiatement
vingt sangsues derrière le cou, avec un vésicatoire entre les deux épaules ; et puis, au moment
d'appliquer ces remèdes, il se contenta de les
prescrire, n'osant prendre sur lui ces moyens
violens. On envoya chercher M. Horeau à Versailles, à Saint-Germain, à Paris ; on fut quelque
temps sans le trouver ; enfin il arriva. Il fut désespéré en retrouvant ma mère dans une situation
qu'il pensa aussitôt ne laisser que peu d'espoir.
Elle avait toute sa connaissance ; mais déjà elle
ne parlait plus que difficilement. Ses yeux inter-

rogeaient les nôtres ; nous faisions des efforts inutiles pour cacher notre profond chagrin : alors elle me serra la main pour me faire comprendre qu'elle connaissait son état.

» M. Horeau s'entretint avec M. Lamoureux (le médecin qui avait été appelé); ce dernier dit qu'il avait pensé qu'une application de sangsues aurait pu *soulager* l'Impératrice, mais qu'il n'avait point osé les faire appliquer sans être approuvé par lui. « Eh ! monsieur, s'écria M. Horeau, dans un cas pareil il ne fallait pas m'attendre : ne savez-vous pas que deux heures perdues sont mortelles ? »

» On posa le vésicatoire entre les deux épaules et les sinapismes aux pieds ; mais, hélas ! il était trop tard ! les progrès du mal étaient aussi rapides qu'effrayans. Ma bonne mère, craignant toujours de nous affliger, ne se plaignait pas ; elle prenait tous les médicamens ordonnés, et, par des regards doux et affectueux, elle cherchait à rassurer toutes les personnes qui l'entouraient.

» Au plus fort de l'agonie, elle conservait encore sa raison, qui ne l'abandonna qu'à l'instant de sa mort; elle apprit, je ne sais par qui, que le peintre de fleurs Redouté était à Malmaison, où il venait dessiner quelques-unes des belles roses de la grande serre; elle le fit appeler, et, dès qu'il parut dans sa chambre, elle lui tendit la main d'abord, puis elle le repoussa doucement après, en lui disant d'une voix éteinte : « J'ai peur que ma maladie ne soit contagieuse...... La semaine prochaine j'espère vous aller voir travailler à un chef-d'œuvre nouveau. »

» Dans la nuit du 27 au 28, ma mère eut un sommeil léthargique qui dura cinq heures. A dix heures du matin, M. Bourdois arriva; il jugea, comme M. Horeau, qu'il n'y avait plus de ressources. M. Laserre, médecin particulier de mes enfans, que j'avais fait employer en consultation conjointement avec ces deux messieurs, me prévint, en même temps que mon frère, qu'il n'espérait plus rien. Je crus devoir préparer ma mère à recevoir les sacremens, et j'envoyai aussitôt chercher le curé de Rueil pour l'administrer. Ce vénérable ecclésiastique n'étant pas chez lui, ce fut le gouverneur de mon fils, qui était prêtre, quoiqu'il n'exerçât plus depuis long-temps, qui la confessa. Elle répondit avec beaucoup de peine, sa langue devenant de plus en plus embarrassée ; mais sa figure ne perdit rien de son calme ni de sa sérénité.

» Sur ces entrefaites, l'empereur Alexandre arriva ; à sa vue, maman sembla se trouver mieux, et le regarda avec gratitude. Mon frère et moi, à genoux près de son lit, recevions sa dernière bénédiction ; nous ne pûmes ni l'un ni l'autre adresser un mot à l'Empereur, nos sanglots seuls exprimaient notre douleur. « Au moins, dit maman d'une voix expirante, je mourrai regrettée ; j'ai toujours désiré le bonheur de la France ; j'ai fait tout ce qui était en mon pouvoir pour y contribuer, et je puis dire avec vérité, à vous tous qui êtes présens à mes derniers momens, que la première femme de Napoléon n'a jamais fait verser une larme. » Ce furent les dernières paroles qu'elle prononça, et le lendemain 29 mai 1814, à onze heures et demie, tous ses maux étaient finis !. . . . .

» Ma mère ne fut point exposée sur un lit de parade, comme on l'a dit, et personne n'a pu la voir avec un voile sur le visage. Cette circonstance a sans doute été inventée pour appuyer les bruits absurdes d'empoisonnement qui furent répandus à cette époque. Elle mourut de la maladie que les médecins appelaient autrefois *esquinancie gangreneuse*, et qu'ils qualifient aujourd'hui d'*angine*.

» Ma mère fut embaumée deux jours après sa mort par M. Béclard, en présence de MM. Horeau et Laserre ; placée ensuite dans un cercueil de plomb renfermé dans une boîte d'acajou surmontée d'une plaque de vermeil destinée à recevoir une inscription. Elle exerça long-temps l'esprit de MM. les membres de l'académie des inscriptions et belles-lettres ; mais, comme je m'y attendais, ces messieurs décidèrent à l'unanimité, au bout de deux mois, que *les circonstances, la prudence*, etc., voulaient qu'on ne mît sur la plaque laissée unie aucune inscription qui pût rappeler l'*impératrice Joséphine*.

» Le catafalque sur lequel le corps fut exposé jusqu'au moment de l'inhumation était placé dans le grand vestibule de Malmaison. Maman ne fut pas *enterrée* dans *un coin* du cimetière de Rueil, comme on l'a encore prétendu, mais bien inhumée dans la petite chapelle de l'église, à l'endroit même où le monument que je lui fis élever, quelques années après, se voit aujourd'hui.

» J'eus une peine infinie à obtenir de l'autorité de faire cette inhumation dans l'intérieur de l'église; elle me fut cependant accordée après beaucoup de pourparlers entre mon fondé de pouvoirs et le secrétaire-général du ministère de l'intérieur.

» La cérémonie funèbre fut célébrée avec une pompe autorisée par l'empereur de Russie, qui voulut ainsi donner un dernier témoignage de considération à la mémoire de l'impératrice Joséphine, en faisant conduire le deuil par le feld-maréchal Sacken, celui de ses généraux qu'il affectionnait le plus, et à qui le gouvernement de Paris avait été confié.

» La mort de ma bonne mère fut le dernier bienfait de son étonnante destinée. Accoutumée à toutes les jouissances du luxe, ne sachant mettre de bornes ni à ses dépenses ni à son immense charité, et le gouvernement royal refusant de payer la pension qui lui avait été accordée d'après le traité du 11 avril, elle allait éprouver tous les embarras qu'amène le défaut d'ordre et de prévoyance. Le retour de Napoléon, au 20 mars, l'aurait d'ailleurs inévitablement compromise. Sa tendresse pour lui, et l'enthousiasme que sa présence aurait ranimé, l'auraient jetée dans des démarches que les Bourbons ne lui auraient jamais pardonnées ; comme moi, elle aurait été forcée peut-être d'aller finir ses jours, abreuvés de dégoûts, loin de la France et de ses amis.

» La Providence semblait avoir destiné ma mère au rang qu'elle occupa, en lui donnant une âme élevée et généreuse. Elle trouvait à obliger la jouissance que d'autres trouvent à nuire. Jamais son cœur ne demeura fermé aux plaintes de l'infortune. Sa charité était inépuisable. Pourquoi a-t-elle joint quelques faiblesses à d'aussi bril-

lantes qualités? Elle aimait les futiles causeries.
La parure fut peut-être un point trop important
pour elle, car il lui arriva quelquefois de traiter
l'article d'une mode récente avec la même attention que mettait l'Empereur à dresser un traité
politique. Comme créole, elle était crédule à
l'excès ; rien ne lui paraissait absurde de tout ce
qui pouvait la rapprocher des choses surnatu-
relles. Elle ne refusait pas sa croyance aux contes
les moins probables. Je lui ai entendu parler souvent de la fameuse prédiction qui, lorsqu'elle
était encore à la Martinique avant son premier mariage, lui avait été faite des grandeurs auxquelles
à cette époque rien ne semblait l'appeler ; elle
devait parvenir, lui fut-il dit, à un rang supérieur
à celui de reine ; et lorsque la fortune se fut ap-
pliquée à réaliser cette prédilection, ma mère
resta plus que jamais infatuée de tous les rêves
de l'astrologie judiciaire. Chaque jour elle con-
sultait quelque nouvel oracle : mademoiselle Lenormand, par exemple, dont l'intrigante adresse
spécula si bien sur cette crédulité. Du reste,
mère excellente, épouse accomplie, elle sut em-

bellir le trône par les qualités les plus aimables. Heureux les peuples, si sa bonté et sa bienfaisance servaient de modèles à toutes celles que la naissance ou la fortune destinent à porter une couronne! »

CHAPITRE DOUZIÈME.

—

1814.

—

Calomnie.—La reine Hortense présentée à Louis XVIII.
— L'empereur Alexandre. — Réception et proposition. — Un billet de spectacle. — Le nouveau gouvernement royal. — *De mal en pis*. — Contre-révolution immanquable.—Intolérance du clergé et des nobles. — Une charte postiche. — La vieille armée. —
Mécontentement général.—Associations.—Le comte
Réal. — Le feu sous la cendre.—Portrait de Fouché.
— La marche des événemens. — Le *Nain-Jaune*, le
dictionnaire des Girouettes et les chevaliers de l'E-
teignoir. — David. — *Jean de l'Epée*. — Les hommes
d'autrefois. — Le maréchal Ney. — Quel gâchis!...

—

La mort de Joséphine acheva de livrer la vie
de sa fille Hortense aux calomniateurs et aux
envieux. Sans défense, sans consolations, elle eût

été heureuse si tous ceux qui lui devaient la vie, leur retour en France, leur fortune, leur position, s'étaient contentés de l'oublier, s'ils eussent consenti à n'être que des ingrats ! mais ils se changèrent en autant d'ennemis, qui d'abord firent de l'ancienne reine de Hollande une *suspecte*, pour ne plus la voir, et bientôt une grande coupable, pour la perdre.

Le prince Eugène, après avoir reçu un accueil favorable de Louis XVIII, à qui il avait été présenté par l'empereur Alexandre avant la mort de sa mère, quitta sa sœur pour retourner en Allemagne rejoindre son beau-père, qui lui avait donné le duché de Leuchtemberg et le rang de prince de sa maison.

Le czar, ayant voulu fixer la destinée de la sœur d'Eugène, avait également obtenu du roi que le titre de duchesse de Saint-Leu lui fût accordé. Louis XVIII n'avait point osé refuser ouvertement ; mais son ministre Blacas y avait mis tant de mauvaise grâce, qu'Alexandre avait été obligé de donner l'ordre à son premier aide-de-camp, chargé de lui apporter les titres, de ne

pas quitter les Tuileries avant que tout fût conclu. Le czar se rendit lui-même à Saint-Leu, pour
présenter à la princesse l'assentiment du roi. Elle
crut donc avoir à remercier Louis XVIII de cette
faveur, et le temps de son grand deuil écoulé,
elle alla aux Tuileries lui faire une visite : elle
fut annoncée sous le nom de *duchesse de Saint-
Leu*.

"Sa Majesté la reçut très-bien, et le lendemain
même elle loua hautement, devant toute sa cour,
la démarche de la duchesse. Les femmes eussent
volontiers passé sur un simple accueil ; mais elles
ne purent pardonner l'éloge. Madame de Saint-
Leu a frémi plus d'une fois en entendant raconter
les propos insensés, les basses calomnies que
tenaient sur son compte cette foule de femmes
plus extravagantes les unes que les autres ; pourtant il n'était pas une d'elles qui, sous l'Empire,
n'eût brigué les faveurs de la cour. Le simple
envoi d'un billet de spectacle au château les
mettait en émoi, et toutes, après la réception
que le roi avait faite à la nouvelle duchesse de
Saint-Leu, n'avaient point assez d'indignation

contre elle et contre ceux de sa famille qui étaient errans et malheureux : au moins auraient - elles dû avoir cette pudeur qui consiste à ne rien dire des personnes dont on a sollicité la pitié. Plus tard elles la dénoncèrent comme auteur de tous les mécontentemens qui commençaient déjà à percer; tandis que, toujours portée, par caractère et par raison, à calmer la violence de certaines gens, qu'elle était obligée, bien malgré elle, de recevoir, elle faisait entendre sans cesse le langage de la modération ; elle était d'ailleurs occupée du triste soin de disputer aux tribunaux son fils aîné, que Louis voulait arracher de ses bras. Le débarquement de Napoléon sur les côtes de France empêcha seul que le jugement fût prononcé; son arrivée à Paris décida la question en faveur de la mère, du moins pour l'instant, et cet enfant ne lui fut point encore enlevé.

Cependant il était impossible que le gouvernement royal marchât avec les principes destructeurs qui semblaient le miner de toutes parts. Environné d'ennemis ardens et infatigables, d'amis plus dangereux encore, c'eût été un miracle

qu'il se fût soutenu seul au milieu de la nation.
Mal appuyé, vivement attaqué, il montrait déjà
les apparences de la caducité, lorsqu'à peine il
comptait quelques mois d'existence. Qu'on en
appelle aux souvenirs des contemporains. En
est-il un seul qui, en 1814, ne fût fermement
persuadé que les choses ne subsisteraient pas
telles qu'elles se trouvaient reconstituées, et qui
n'aperçût une révolution nouvelle derrière le
trône que l'on venait d'élever? La cour, d'abord,
ne voulait pas de la Charte, de ce pacte, de ce
contrat, qui, une fois donné et accepté, liait les
deux parties contractantes de manière à ne plus
leur laisser la possibilité de le rompre. La cour le
repoussait; et par le mot *cour* il faut entendre,
en général, les personnes qui, par leurs emplois,
leur rang, leurs priviléges, entouraient le monarque et sa famille. Ceux-là, regrettant d'anciens priviléges et regardant des préjugés comme
des droits incontestables, souffraient avec impatience la perte de tous leurs avantages passés.

La cour sentait toute son infériorité. Petite,
mesquine, sans gloire, sans renommée aucune,

dépouillée de son immense fortune, elle ne pouvait lutter contre les réputations colossales de la France moderne. Le peuple, loin de vénérer ses noms historiques, la sifflait, parce qu'elle n'était rien par elle-même, et que le siècle est tout positif. Cette cour donc, irritée de son isolement, et de l'espèce de mépris où elle était tombée, frémissait de rage de ne pouvoir, comme par le passé, puiser à pleines mains dans le trésor de l'Etat ; aussi voulait-elle la contre-révolution complète et le régime du pouvoir absolu. Peut-être avec de l'adresse aurait-elle pu satisfaire ses désirs et contenter son ambition ; mais, dépourvue de savoir et d'expérience, elle ne comptait que sur sa force ; et de ce que le château des Tuileries était rempli par elle seule, elle se figurait que le peuple ne tarderait pas à la confondre avec le roi : c'était une illusion bien ridicule.

Le clergé venait en seconde ligne parmi les adversaires de la Charte ; le clergé, ce corps égoïste, pesant toujours sur la France, et conservant toujours, malgré les plus grandes catastrophes, son orgueil, son ambition et ce désir insatiable de pouvoir. Toujours souple sous un prince fort, toujours prêt à se roidir sous un gouvernement faible, prosterné devant Napoléon, il se releva sous Louis XVIII. Durant le règne du premier, il avait trouvé l'obéissance écrite et ordonnée dans l'Evangile ; sous le second, il invoqua des exemples de résistance pris dans les annales du moyen âge.

Le clergé, non moins que la cour, abhorrait la Charte; il multiplia les preuves de sa haine; il impatienta le peuple par ses usurpations continuelles, et commença la lutte, dans les campagnes, contre l'autorité administrative. Fallait-il donc une seconde révolution pour lui apprendre qu'il n'a sur la terre d'autre mission que celle de prêcher la charité et l'obéissance aux lois ?

Derrière les deux classes que nous venons de signaler, il y en avait une troisième que l'on désignait sous le nom de *Buonapartistes*, qui, nous l'avouerons, souhaitait ardemment la chute du nouvel ordre de choses qui l'avait dépossédée.

Les Bonapartistes voulaient, avant tout, renverser les nouveaux venus ; et attendu qu'ils étaient plus habiles que ceux-ci, ils tâchaient de les combattre de toutes manières, et profitaient surtout de leurs fautes avec un art infini. Comme leur sens était droit, ils reconnurent, dès les premiers instants, que, pour intéresser la France à leur cause, il fallait ne plus songer aux maximes du pouvoir absolu, dont l'Empereur avait abusé. Ils se firent partisans de la liberté, ne jurant plus que par elle, montrant aux citoyens un ardent amour de leur bonheur fondé sur les lois : c'était du fruit nouveau. Ces derniers, à l'ombre de nos nobles couleurs, se mirent en mesure de combattre la Charte; mais ce fut en lui faisant la révérence et en feignant de ne s'armer que pour elle.

A ces causes de dissolution du gouvernement royal, il faut ajouter les absurdes prétentions de la plupart des hobereaux de province. Ceux-ci ne voulurent pas voir non plus qu'un retour complet vers l'ancien régime ne pouvait avoir lieu. Tous, ou du moins l'immense majorité, demandèrent la restauration de l'universalité de leurs anciens priviléges. Croirait-on que les plus injustes comme les plus sots étaient ceux auxquels ils se montraient les plus attachés. Quelques-uns même cherchèrent à obtenir par la menace et la force ce que la raison ou les lois leur refusaient.

D'un autre côté, des attaques imprudentes étaient dirigées contre la vieille armée. Les militaires s'indignaient d'entendre une foule d'écrivains, imbéciles et coupables, dénigrer leur gloire. Ils ne s'accoutumèrent pas, eux qui, pendant vingt années, n'avaient cessé de combattre pour emporter, à la pointe de l'épée, les titres, les honneurs, à voir les grades, les pensions, les récompenses envahis par des hommes qui, ayant passé leur vie dans une oisiveté complète, se faisaient un titre de cette oisiveté.

Tous les élémens d'une nouvelle révolution étaient rassemblés, et les hommes qui aspiraient à la diriger afin d'en profiter travaillaient activement à rallier à leur cause quiconque leur présentait l'espoir d'une coopération utile.

« Persuadés que je pouvais les servir, nous disait madame de Saint-Leu, ils firent de moi un de leur point de mire. R..., dans plusieurs circonstances, m'avait sondée afin de connaître mes intentions secrètes ; il désirait surtout savoir mon avis touchant ce qui se passait *autour de moi*. J'avais d'abord feint de ne pas le comprendre; mais il revint si souvent à la charge, que force me fut de finir par m'expliquer : je le fis avec réserve ; et de ce que je me montrai sage, il me crut d'humeur à devenir conspiratrice.

» Alors, ne se gênant plus, il me conta des choses étranges : j'appris qu'une masse considérable de mécontens travaillait à renverser le gouvernement ; que plusieurs associations étaient formées; que des conférences avaient eu lieu ; qu'une surtout, très-solennelle, avait mis en rapport immédiat les chefs de l'entreprise. Ces paroles me causèrent un grand effroi ; je n'avais aucune envie de m'embarquer dans une intrigue périlleuse ; je craignais d'une autre part de pousser à des mesures de désespoir à mon égard des hommes dont je connaissais l'énergie.

» Pour tout concilier, je dissimulai une partie de mes sentimens vrais, et je demandai à R... par quelle voie il s'était instruit de ce qu'il me racontait ; ma question le fit sourire.

« Je suis, me répondit-il, le secrétaire chargé de rédiger le procès-verbal de chaque séance. Etes-vous curieuse de connaître ce qui s'est passé dans la dernière ? »

» La prudence m'ordonnait sans doute de rejeter une telle proposition ; la curiosité l'emporta, et je consentis à écouter la lecture de cette pièce, à laquelle je n'attachai d'abord aucune importance. Mais, une fois instruite de tout ce qui avait été arrêté dans cette séance, je me trouvai dans une position délicate et tout-à-fait embarrassante ; ensuite, je n'aurais voulu à aucun prix prendre part à cette révolte, qui répugnait à mes principes ; d'un autre côté, R... venait de me faire une confidence bien pesante : je crus pouvoir prendre l'engagement solennel, sans nuire à ma conscience, de ne rien divulguer ; et je m'y résolus d'autant plus facilement que lorsque j'eus un peu réfléchi, je ne crus voir encore dans cet acte qu'une conspiration de salon ourdie derrière des paravens.

» Ma discrétion ne satisfit point R...; il voulait plus : je lui déclarai avec fermeté que je ne me mettrais pas en avant dans cette affaire, et que vainement il me presserait davantage sur un sujet qui ne nous mettrait jamais d'accord.

» Si, après cette déclaration formelle, R... regrettait de m'en avoir dit autant, je n'étais pas non plus très-satisfaite de ce que je savais, dans la prévoyance des résultats que je redoutais. Je me demandais ensuite s'il dépendait d'une faible femme de préférer l'intégrité de son honneur à l'intérêt réel de l'Etat : tout ceci me jetait dans une extrême perplexité. Après de longues et mûres réflexions, je résolus de prendre un terme moyen, c'est-à-dire de rester fidèle à la parole que j'avais donnée, et de ne me mêler en rien dans cette affaire.

» Dès-lors je me renfermai dans le rôle passif d'observateur, conservant l'espoir de ne pas être obligée de prendre une part active dans la lutte qui, au dire de Regnaud de Saint-Jean-d'Angely et de M. de Bassano, était sur le point de s'engager. Je me trompais; il est des époques fatales où personne ne peut se flatter de rester à l'écart.

» Parmi les coryphées de la révolution qui se préparait avec si peu de mystère, il était un personnage qu'on nous reprocherait d'oublier si nous ne le placions sur le premier plan du tableau, où déjà, sans doute, on est surpris de ne pas l'avoir vu paraître : homme profondément dissimulé, astucieux des pieds à la tête, et qui, plus adroit que les autres, se tenait dans l'ombre, laissant aux conjurés impatiens le risque des chances de l'entreprise, tandis qu'il se réservait de profiter des avantages du succès ; homme méchant par caractère, jouant la bonté par calcul, on le voyait toujours protéger le parti vaincu, non par générosité naturelle, mais pour mieux cacher et servir ses projets. On l'avait vu, sous l'Empereur, prendre la défense des émigrés, les protéger avec zèle ; sous le règne du roi, il devint le protecteur des jacobins. Caméléon politique, girouette sanglante, il avait joué tous les rôles, cheminé dans tous les partis. Tour à tour prêtre constitutionnel, jacobin régicide, modéré bonapartiste, royaliste humble et repentant, aventuré sans naufrages au milieu de dix tempêtes politiques, à force d'art, de souplesses, de fourberies, il était parvenu à influencer l'opinion publique et à se faire passer pour l'ami de tout le monde : et, par un phénomène inconcevable, il pouvait se montrer avec crédit dans le palais de Louis XVIII. L'honnête homme qui l'y rencontrait, loin de se détourner avec horreur, avait pour lui une vénération extravagante, fondée sur des déceptions perpétuelles. Fouché, enfin, que j'aurais pu me dispenser de nommer, dont l'immoralité fut aussi révoltante que sa fortune, se garda bien de se mettre trop en évidence parmi ceux qui se dévouaient. Quelques affidés adroits lui rendaient un compte journalier des opérations; il donnait des conseils de vive voix seulement; il semblait moins applaudir à la marche de la conspiration que la désapprouver. Pouvait-il parler autrement, lui qui, touché d'un rayon subit de la grâce, avait tout-à-coup embrassé la religion des Bourbons? Il était comique à entendre chaque fois qu'on le mettait sur ce chapitre; il adorait le roi; les princes étaient les objets de son culte; il répandait des larmes amères au souvenirs des grands attentats auxquels il avait pris part; on eût dit que le remords était dans *son âme.* Il trompait les royalistes ainsi qu'il avait trompé l'Empereur, le Directoire et la République; la fourberie était tellement innée en lui, que je n'aurais pas été surprise si l'on m'avait dit qu'il avait cherché à se tromper lui-même. Hélas! pourquoi m'a-t-il fallu tant de temps pour connaître cet homme!

» Fouché, comblé des bienfaits de l'Empereur, s'était encore adjugé une immense part dans la fortune publique; ingrat envers son maître; ingrat envers une personne à laquelle il fut peut-être redevable de la vie dans une grave circonstance que je ne veux pas rappeler, il poussa la momerie jusqu'à pleurer ses erreurs en présence de Louis XVIII. Mon aversion pour lui date de loin; je l'avais vu pervers avec tant de calme, que sa présence m'était odieuse. »

Mais nous reprenons le fil de notre narration :

La conspiration marchait à pas de géant; quelques mois à peine s'étaient écoulés que déjà les semences de division et de haine avaient germé dans tous les cœurs.

Jamais on ne se fera une idée de la faiblesse du gouvernement, de son laisser-aller ; on aurait dit que les dépositaires du pouvoir ne savaient comment s'en servir ; les rênes échappaient à leurs mains inhabiles ; tous étaient nonchalans, sans vigueur, sans mérite ; l'administration allait au hasard ; on marchait par aventure : vers quel but ? personne ne le savait ; c'était une époque très-extraordinaire.

C'est vers ce temps qu'on inventa les ordres satiriques de la *Girouette* et de l'*Eteignoir* : ils servirent à déconsidérer les agens de l'autorité ; ce fut un bon coup de parti. Un journal, appelé le *Nain-Jaune*, vint compléter ce système de déconsidération. Dès son début, cette feuille obtint un succès de vogue ; elle était rédigée par les hommes les plus spirituels de l'époque. Dans ce moment tout contribuait à exaspérer les esprits. Le peintre David, à cause de son vote dans le procès de Louis XVI, et malgré l'oubli promis par la Charte, était tout à la fois rayé de l'Institut et exclu du droit d'exposer au salon ses tableaux. Ce n'est pas qu'en agissant ainsi on eût cherché à le mettre lui-même de moitié dans cette vengeance puérile ; on le sollicita, on le pria de ne pas envoyer son chef-d'œuvre à l'examen des juges ; le débonnaire Denon, qui tâchait de ménager la chèvre et le chou, fit trente voyages du Musée à la rue d'Enfer, où David logeait alors ; il supplia ce dernier de céder aux circonstances, de se soumettre, et de ne faire aucune tentative qui pût déplaire au gouvernement. Le célèbre artiste répliqua à toutes ces instances : « Mon tableau ne peut être puni de mes actions ; qu'y a-t-il de commun entre une toile peinte et un vote que je me reproche? On m'accable sans trève dans une multitude de pamphlets ; je veux répondre à ma manière, et c'est en offrant au public mon Léonidas. »

Son inflexibilité sur ce point contraignit ceux à qui son talent faisait ombrage à faire prendre une mesure qui fut blâmée universellement : on interdit à son tableau l'accès du salon. David alors avait son atelier où les amateurs se portèrent en foule. Aux jours dont nous parlons tout se réunissait pour exaspérer le peuple ; il n'avait plus à souffrir du règne un peu pesant de l'Empereur, mais il était las d'entendre sans cesse décrier le grand homme ; les militaires surtout ne cessaient pas de faire les plus grands éloges de celui qu'ils désignaient entre eux sous les noms de *Jean de l'épée, du Petit Caporal, du Père la Violette*, etc. Ses torts avaient été rejetés sur ses ministres et ses entours, ses revers sur la trahison ; enfin, si le parti qui aspirait à changer de nouveau la face de la France était habile à saisir la moindre circonstance qui pouvait servir ses projets, il faut convenir aussi que les royalistes les aidaient par leur jactance, leurs propos inutiles, et par leur funeste manie de rabaisser le temps présent ; ils établissaient, eux aussi, à leur manière, une lutte permanente entre les hommes d'autrefois et ceux d'alors ; le public apprenait avec inquiétude et en même temps avec mépris, que des corps, détruits depuis long-temps, se croyaient encore assez d'importance pour tenter de s'opposer aux volontés du monarque et de la nation : les ducs et pairs de l'ancien régime avaient, disaient-on, protesté contre l'établissement de la nouvelle chambre ; des pairs et quelques membres des parlemens défunts avaient aussi employé les mêmes armes, dans l'espoir qu'elles leur seraient utiles un jour.

Les gens sages (ils étaient en petit nombre) déploraient cette manie de chercher à rappeler des temps et des institutions qui n'étaient plus en harmonie avec la nouvelle façon d'envisager les choses. La noblesse récente, qui ne demandait pas mieux que de se confondre avec l'ancienne, se trouvait offensée de ce que celle-ci ne lui montrait que de l'éloignement ; l'aînée, dont elle cherchait à se rapprocher, conservait sa morgue ou sa dignité aux dépens de son influence réelle ; car le peuple, après avoir tourné en ridicule la noblesse créée par Napoléon, prit tout-à-coup sa défense lorsqu'il la vit repoussée, avilie. Il s'indigna de la préséance revendiquée pour les titres héréditaires sur les titres accordés au mérite personnel. A la cour de Louis XVIII, cette ligne de démarcation était des plus insolentes et des plus marquées ; aussi, plusieurs maréchaux et officiers-généraux ne laissèrent-ils pas ignorer au public que leurs femmes étaient souvent revenues du château les yeux noyés de larmes, par suite des impertinences dont elles avaient été l'objet. Cette bonne madame Campan, qu'on n'appelait plus autrement que *la femme-de-chambre*, venait d'être brutalement destituée de sa place de surintendante de la maison d'Ecouen, malgré les sollicitations du malheureux maréchal Ney ; et les formes insolentes de M. de Blacas, auquel Louis XVIII l'avait adressée, n'avaient pas peu exaspéré ce maréchal, qui détestait cordialement le gouvernement royal, mais qui (nous devons le dire) aimait peut-être encore moins le régime impérial. Il prit le parti de se retirer à sa terre de Coudreux.

Avant son départ, il vint faire une visite à madame de Saint-Leu.

« Eh bien ! madame la duchesse, lui dit-il, vous vous êtes mise à l'écart ?

— » C'est vrai ; aussi me voyez-vous très-tranquille.

— » Quel gâchis ! ces gens-là ne connaissent rien. Vous êtes bien heureuse de n'avoir à essuyer ni insulte ni injustices ?

— » Qui vous dit, monsieur le maréchal, que je n'aie pas eu aussi mes humiliations ?

— » Ils ne savent pas ce que c'est qu'un maréchal de France.

— » Peut-être faudrait-il le leur apprendre.

— » Ah ! oui.... peut-être !.... Et je pourrais bien me charger de ce soin ! »

Si l'on était disposé à lier ce propos du maréchal Ney à sa conduite au mois de mars 1815, on se tromperait ; il fut totalement étranger aux événemens que nous allons raconter ; et cependant il continua ainsi plus d'un quart-d'heure à se livrer à sa colère devant la duchesse, malgré ses réflexions modérées, qui n'avaient pour but que de le calmer.

Il la quitta brusquement : elle ne le revit jamais.

CHAPITRE TREIZIÈME.

—

1814-1815.

—

Intrigues du cabinet de Londres. — Promesses mensongères. — Le congrès de Vienne vu de face et de profil. — Une cohue de têtes couronnées. — Le prince de Ligne. — Bals, fêtes et représentations théâtrales. — Un bon mot de plus. — Loisirs de MM. les diplomates.— Madame de Krudner.—M. de Metternich et lord Castlereagh.—La duchesse d'Oldembourg. — Lettre à la reine de Hollande. — Le Loustic de la brigade royale. —Un tableau vivant.— La tente de Darius. — Prétentions sur prétentions. — Petite revue de l'Europe. — Lord Wellington. — Total de la carte à payer : 1,535,000,000.—L'épée de Napoléon.

—

Parmi les puissances rivales de la France, une d'elles fut toujours plus particulièrement intéressée à préparer sa chute et à lui susciter des ennemis ; puissance qui ne cessa jamais de conspirer sa ruine et dont l'amitié mensongère lui fut toujours funeste : cette puissance, c'est l'Angleterre.

Nous n'entrerons pas dans le détail des intrigues que le cabinet de Londres ourdit pour nous perdre ; cela serait trop long, et nous sortirions des bornes que nous nous sommes imposées en écrivant ces mémoires. Tout ce que nous pouvons dire, c'est que Napoléon n'eût jamais quitté l'île d'Elbe si l'Angleterre, et surtout l'Autriche, ne lui eussent fait des promesses qu'elles se gardèrent bien de tenir ; leur but était de plonger la France dans un abîme de calamités dont elle s'est à peine retirée aujourd'hui.

Aux termes du *traité de Paris*, toutes les puissances qui avaient été engagées dans la guerre devaient envoyer des plénipotentiaires à Vienne pour régler, dans un congrès général, les arrangemens qui devaient compléter les dispositions arrêtées. Mais les voyages des divers souverains à Londres, et le retour de l'empereur Alexandre à Saint - Pétersbourg, occasionèrent des retards. Le congrès ne s'ouvrit qu'au mois de septembre, et successivement les rois de Dane-

mark, de Bavière, de Wurtemberg, et presque
toutes les familles impériales et royales vinrent
augmenter l'assemblée des souverains alliés.

Au milieu des fêtes et des dissipations de la
cour de Vienne et de cette *cohue* de têtes couronnées, comme le disait spirituellement le prince
de Ligne, toutes les chancelleries s'organisèrent.
Tous les Etats de second et même de troisième
ordre avaient également envoyé des plénipotentiaires; de telle sorte que tout ce qu'il y avait
d'hommes célèbres en Europe était ramassé à
Vienne. Les fêtes succédaient aux fêtes, et jamais
pareil luxe n'avait été déployé dans l'antique capitale de l'Autriche.

Des représentations théâtrales, des bals masqués où les rois se mêlaient à la foule, la fami-
liarité des souverains, la singularité des costumes,
la variété des mœurs, des habitudes, tout jetait
les tranquilles Viennois dans une espèce d'en-
chantement. Le prince de Ligne lui-même, ce
héros de tant de cours, qui avait touché de si
près les grandeurs royales, n'avait pu se défendre d'une sorte d'éblouissement.

Dans ces bals, qui avaient lieu au moins deux fois par semaine au palais, on ne dansait presque pas de contredanses : tout se bornait à des marches de deux à deux, au son de l'orchestre. Le goût personnel de l'empereur Alexandre avait prévalu, même à l'égard de la walse qui, cependant, doit son origine à l'Allemagne. Ces marches polonaises s'accordaient assez avec la majesté d'un congrès ; mais comme la direction de l'espace à parcourir dépendait positivement du chef de la colonne, qui était toujours le czar, il arrivait très-souvent que ce prince sortait de la salle et faisait parcourir à toutes les files qui le suivaient les vastes étages et les détours immenses de la demeure impériale. Ces évolutions imprévues rompaient quelquefois le sérieux de l'étiquette et permettaient à tout le monde d'y prendre part.

Un soir, on calcula l'étendue de la distance parcourue dans le palais, et l'on évalua à plus d'une demi-lieue de France le chemin que l'on avait fait. Aussi, le prince de Ligne, qui, malgré ses quatre-vingts ans, avait fait une partie de ces courses irrégulières, disait-il avec autant d'esprit que de vérité : *C'est singulier, le congrès marche beaucoup, mais il n'avance guère !* Effectivement, les affaires n'avançaient pas du tout. Les conférences se tenaient entre les ministres, et ce fut là ce qu'on appela l'ouverture d'un congrès, dont les publications étaient différées de jour en jour. Par une irrégularité assez évidente, on annonça le 1er décembre que la clôture aurait lieu le 15 du même mois, tandis que l'on ignorait encore quel jour le congrès serait ouvert. Ce terme ne fut point admis, et la multiplicité des petites affaires le fit proroger jusqu'au mois de janvier 1815.

Pendant ce temps, nos diplomates employaient leurs loisirs à passer en revue tous les personnages politiques avec leurs intrigues, les aventures galantes des bals masqués, le mysticisme de l'empereur Alexandre agenouillé dans un oratoire avec madame de Krudner, les bonnes fortunes de M. de Metternich, et les rudes amours de lord Castlereagh.

M. de la Besnardière, dans une lettre qu'il

écrivait au mois de février 1815 à madame de Saint-Leu, décrivait ainsi un de ces bals, une de ces redoutes brillantes :

« Le roi de Prusse y avait été long-temps agacé
» par un domino noir ; l'empereur d'Autriche
» s'était montré en costume hongrois avec une
» ondoyante pelisse ; le roi Maximilien de 'Ba-
» vière portait l'uniforme de colonel, qu'il avait
» si long-temps honoré au service de Napoléon.
» La figure colossale du roi de Wurtemberg
» était à peine déguisée par son vaste domino
» brillant d'or ; il avait long-temps causé avec
» la duchesse d'Oldembourg, sœur de l'empereur
» Alexandre, qu'il aimait et qui s'était déguisée
» sous l'humble costume d'une grisette pari-
» sienne ; puis, le roi de Danemark avec sa grosse
» gaîté, que le prince de Ligne avait surnommé
» le *Loustic de la brigade royale*, s'était entre-
» tenu long-temps avec M. de Metternich. Le
» brave Eugène avait attiré surtout l'attention de
» son chef d'emploi (M. de Talleyrand), qui avait
» épié ses démarches au bal, et qui avait remar-
» qué qu'il avait été l'objet des vives amitiés

» de l'empereur Alexandre ; ce qui inquié-
» tait, etc. »

Le spirituel narrateur n'oubliait pas un costume d'archiduc, de prince, de dignitaire ; il
n'avait omis qu'une seule chose, c'était de faire
savoir quel était son costume à lui, car, comme
son chef d'emploi, pour nous servir de ses expressions, il en avait de rechange.

Enfin, à Paris, on ne parlait dans toutes les
sociétés que du congrès de Vienne, quoique personne ne se fît une idée bien nette et bien pré-
cise de son esprit, de ses projets et de ses résultats probables. On y apprit tout-à-coup le débarquement en France de Napoléon. L'empereur
d'Autriche, s'adressant alors à Alexandre, lui
dit :

« Eh bien ! sire, voyez ce qui arrive ; vous
n'avez pas voulu sévir contre les Bonapartistes
de Paris !

— » C'est vrai, répondit Alexandre ; mais,
pour réparer mes torts, je mets ma personne et
mes armées au service de Votre Majesté. »

Cette réponse fut faite publiquement le soir

chez l'impératrice d'Autriche, au moment où on allait jouer une scène ou *tableau vivant*.

Cette princesse aimait beaucoup la *comédie bourgeoise ;* elle la jouait elle-même assez agréablement, et, à une de ses soirées, les membres les plus distingués du congrès qu'elle y avait invités représentèrent devant les souverains assemblés, et en français, une jolie comédie d'Etienne, le *Pacha de Suresne*. Madame de Saint - Leu l'avait jouée une fois à Malmaison dans sa nouveauté.

Les rôles de cette pièce furent remplis à Vienne par la comtesse Muischeck, par la princesse Thérèse d'Estherazy, la comtesse Sophie Zichy, la princesse Marie de Metternich, la comtesse Murassi, le landgrave de Furstemberg, le prince Antoine Radziwil, le comte Ferdinand de Waldstein, par les princesses Marie et Sophie de Lichtenstein, Caroline de Bretzenhem et de Schœnborn.

Cette petite comédie fut parfaitement jouée, et eut à Vienne, comme à Paris, le plus grand succès.

A la suite de cette représentation, à laquelle
M. de La Besnardière avait été invité, des rideaux
se levèrent, et l'on admira plusieurs tableaux re-
présentés par des personnes vivantes, mais im-
mobiles, éclairées et costumées conformément
aux tableaux qui en étaient le sujet. La *tente de
Darius* formait le tableau principal. « J'avais
» vu quelquefois au Musée l'original de Charles
» Lebrun (écrivait encore M. de La Besnardière),
» mais jamais il n'avait excité aussi fortement
» mon admiration ni produit autant d'illusion
» sur moi. Il y a dans ce genre de spectacle un
» effet magique et vrai, auquel toute la puis-
» sance de l'art ne saurait atteindre, soit dans la
» perfection des clairs et des ombres, soit dans la
» perspective des pauses et dans l'expression in-
» définissable des physionomies. Il était aisé de
» distinguer dans les traits du comte Schœnfeld,
» qui représentait Alexandre, cette humanité et
» cette bienveillance qui écartaient l'idée d'un
» vainqueur impitoyable : jamais le pinceau ne
» pourra exprimer avec autant de vérité cette
» nuance imperceptible d'un héros encore

17.

» échauffé du combat, qui vient rassurer, con-
» soler et admirer ses captives. Quoique Ephes-
» tion fût aussi bien costumé et aussi jeune
» qu'Alexandre, il ne paraissait qu'un favori et
» en second ; et cette jolie comtesse Sophie
» Zichy, qui, sous les traits de Statira, mille fois
» plus belle que celle du tableau de Lebrun,
» présentant au vainqueur un enfant d'une beauté
» admirable, qui, trop jeune pour sentir son
» malheur, regardait Alexandre avec la surprise
» que lui causait la vue d'un visage inconnu ! et
» ces filles de Darius ! et cette profusion de
» figures délicieuses qui formaient la suite de
» Statira ! etc. »

Effectivement cette scène devait être héroïque
et voluptueuse tout à la fois ; tous les visages,
toutes les attitudes des personnes placées dans
un tableau vivant devaient avoir l'expression
convenable à leur âge et à leur situation. Ce silence d'une émotion indéfinissable, qui devait
régner parmi les spectateurs, et auquel la présence des plus augustes personnages imprimait
sans doute une vague et respectueuse mélancolie,

cette simplicité des mœurs antiques, l'obscurité
douce et vaporeuse qu'on avait dû répandre
dans le salon, et ces foyers invisibles qui lan-
çaient des flots de lumière sur les moindres parties de cette scène poétique, tout devait offrir
aux yeux et à l'âme le spectacle le plus délicieux.
On peut aisément se figurer toutes les jouissances
que l'on peut éprouver à voir ainsi reproduites
les admirables compositions des David, des Gi-
rodet et des Gérard. Mais revenons au congrès.

A chaque séance, les puissances principales
annonçaient des prétentions nouvelles, bien qu'en
prenant les armes elles eussent juré que ce n'é-
tait pas par ambition, mais dans le seul intérêt du repos de l'Europe ; on eût dit que Napoléon, en disparaissant de la scène du monde,
leur avait légué tout ce qu'il avait conquis.

L'Angleterre voulait occuper toutes les îles de
la Méditerranée. L'Autriche, non contente de ses
possessions en Italie, parlait d'obtenir la moitié
du royaume de Bavière. Déjà, sans aucune espèce de droit, et contre la foi d'un pacte solennel, elle avait dévoré les duchés de Parme et de

Plaisance donnés à Marie-Louise. La Prusse voulait démembrer la Saxe. On accordait la Nor-
wège à la Suède et Gênes au roi de Piémont. Le
stathouder de Hollande devenait souverain des
Pays-Bas, qu'on nous arrachait encore; et la
France, cette pauvre France, oubliée et presque
méprisée, assistait seule au partage sans pouvoir
rien demander ! Cependant elle était encore forte
et puissante ; ses immenses ressources ne s'étaient
point épuisées ; nos armées, bien commandées,
pouvaient encore faire trembler l'Europe !.......
Mais celui-là seul qui en avait le secret n'était
plus là !..... Un sentiment vague disait qu'il re-
viendrait, qu'une vie de miracle ne devait pas
s'éteindre sur un rocher entre l'Italie et la
France ; mais comment, et par quels moyens ?
Nous avouons que toute l'activité de notre imagination ne les devinait point encore.

Mais après les désastres de Waterloo et la seconde capitulation de Paris, M. de Talleyrand et
lord Wellington ayant pris la haute main dans
le congrès, les sacrifices imposés à la France de-
vinrent encore plus durs et plus impérieux,

quand on pense qu'indépendamment des 700 millions exigés comme contribution de guerre, chaque puissance en particulier réclama au nom de ses sujets une indemnité pour les pertes éprouvées par suite des occupations françaises depuis la révolution de 1789; elle ne s'élevait pas en totalité à moins de 835 millions, qui, joints aux 700 millions accordés, formaient la somme énorme de 1,535 millions de francs! L'Europe considéra cette somme comme une garantie, et cela s'explique. La France, par sa configuration géographique, par ses ressources inépuisables, était un objet d'effroi pour les puissances; elle avait menacé les gouvernemens par ses maximes, les peuples par ses conquêtes. Elles étaient encore sous l'impression des idées de l'Empire et des Cent-Jours; l'épée de Napoléon pesait de tout son poids dans les souvenirs de l'Europe; elles craignaient encore que la France ne vînt à s'é-lancer sur le monde...... De là, ces traités de mutuelle assurance; de là l'enfantement de la sainte alliance. Il ne faut donc attribuer les dé-cisions du congrès de Vienne et les précautions prises alors contre la France, qu'à son esprit belliqueux, à la grandeur et à la variété de ses moyens, et enfin à cette ombre colossale de Napoléon qui les effrayait encore, quoique son image fût effacée.

CHAPITRE QUATORZIÈME.

—

1815.

—

Nous avons souvent entendu demander : En 1815 y eut-il conspiration ou non pour opérer les Cent-Jours? Nous répondrons qu'il y a des temps où les conspirations gîtent dans l'air, où elles se font en plein vent, à la vue de tous : telle fut celle de 1815. Tout le monde pouvait apercevoir la fin du drame ; chacun aurait pu indiquer du doigt comment il devait se dénouer, et chacun se laissait aller comme entraîné par une force irrésistible.

On a toujours signalé madame de Saint-Leu, dans l'opinion publique, et dans une foule d'écrits anonymes ou apocryphes, comme ayant beaucoup contribué, par ses relations et son influence, au retour de l'Empereur de l'île d'Elbe. Toutes les femmes l'ont dit, tout Paris l'a répété, et l'Europe l'a cru ; elle le croit sans doute encore : comme si les résolutions d'un homme aussi extraordinaire que Napoléon avaient besoin des manœuvres d'une faible femme ! comme si les prodiges s'opéraient par l'intrigue !

Certes, Napoléon ne revint pas en France sans prévenir personne. Dès le mois du juillet ou d'août 1814 il avait écrit à madame de Saint-Leu. Sa lettre lui était parvenue par son oncle Joseph, qui, habitant la Suisse, entretenait une correspondance active avec son beau-frère Murat : c'est lui qui servait d'intermédiaire avec l'île d'Elbe ; tout cela avait lieu le plus secrètement du monde. Mille moyens avaient été employés pour mettre Napoléon au courant de tout ce qui se passait à Paris. Des émissaires allaient de temps en temps lui porter des notes ou en échanger.

Un grand nombre de personnes, qui étaient attachées à l'Empereur et à sa famille, ou qui avaient exercé de hautes fonctions dans son gouvernement, étaient revenues à Paris ; et à Saint-Leu se réunissaient quelquefois les brillans débris de l'Empire : MM. de Bassano, de Caulincourt, Regnault de Saint-Jean-d'Angely, Réal, Berlier, Thibaudeau, Lavalette, madame Hamelin, quelques riches banquiers, le fournisseur Ouvrard ; des officiers-généraux, tels que Lefebvre-Desnouettes, Lallemand et Labedoyère, venaient y apporter des nouvelles. Ils se rappelaient entre eux les batailles, les fêtes somptueuses de l'Empire ; celles de la Restauration tombaient sous de spirituelles censures. D'abord on s'était borné à critiquer, à comparer ; ensuite on avait fait des vœux sincères, sinon pour l'Empire, du moins pour un état de choses qui le rappelât un peu.

Fouché était aussi à Paris; mais il ne voyait que peu de monde : il semblait s'être retiré des affaires; il n'était pas même venu faire à la duchesse de Saint-Leu une visite de *politesse*, dont elle le dispensait, au reste, volontiers; et cependant tous les partis lui faisaient leurs confidences. Il les écoutait tous, comme nous l'avons dit, et ne se liait avec aucun; il voulait voir venir les événemens avant de prendre parti.

« Déjà, à diverses reprises, on s'était adressé à moi, rapporte madame de Saint-Leu, mais d'une manière détournée; j'avais persisté à repousser des ouvertures directes. On voulait cependant m'amener à me réunir à la cause commune : Regnault le tenta. Il vint donc un matin me voir, et, après un préambule adroit, il me communiqua, avec une sorte de franchise, tout ce qu'il savait du projet conçu, les espérances, déjà justifiées en partie, les divers plans arrêtés, et le désir que l'on avait de me rallier à la cause de l'Empereur.

» A ce discours, je reculai de deux pas.

« M. le comte, dis-je à Regnault, la plus forte marque d'amitié que je puisse vous donner, c'est de taire à jamais la confidence insensée que vous me faites.

—» Comment !.... madame la duchesse !.... Mais cette cause est la vôtre aussi...

—» Avez-vous réfléchi aux suites que peut avoir cette entreprise ?

—» Oui, certes !

— » Pensez-vous que le succès puisse la couronner ?

— » Nous n'en avons jamais douté un seul instant, moi surtout.

— » Mais qui peut vous pousser ainsi à ce que vous me permettrez de qualifier un acte de folie ?

— » Tout ! La gloire et le bien de la France !

— » Vous a-t-on ravi votre fortune ? Etes-vous contraint à quitter le sol de votre patrie ? La paix dont elle semble jouir ne vous contente-t-elle pas ? Que souhaitez-vous de plus ?

— » L'Empereur !

— » C'est un abîme que vous ouvrirez sous vos pas. Quand même, la nation vous secondera-t-elle ?

— » Elle se lèvera, s'il le faut, en masse pour chasser les Bourbons ?

— » Ils ne s'en iront pas : n'ont-ils pas là l'assistance des étrangers pour eux ? L'armée des alliés n'est pas encore dissoute : elle campe sur nos frontières ; elle va fondre sur nous au premier signal, et malheur à nous si la victoire leur est favorable une seconde fois !

— » La fortune de Napoléon l'emportera encore cette fois.

— » Mais sur quelle assistance l'Empereur peut-il baser son espoir ?

— » Sur celle de son beau-père, de son beau-frère, le roi Murat, et sur beaucoup d'autres encore.

— » Comment pouvez-vous croire que l'Autriche se déclare franchement en sa faveur ? L'Angleterre cessera-t-elle de lui être opposée ? Si ces deux puissances sont contre lui, vos efforts et les siens seront vains, et sa seconde chute nous entraînera tous avec lui. Croyez-moi, renoncez à un projet aussi dangereux. On à consenti à nous laisser tranquilles, ne faisons pas repentir de cette condescendance, et ne compromettons pas l'amnistie qui nous est accordée. »

Cette réplique sage et modérée confondit Regnault. Il ne s'attendait pas à un refus aussi positif; aussi m'en témoigna-t-il sa surprise. Enfin, il me demanda si, satisfaite de ma situation présente, je resterais tranquille au milieu de la lutte que l'on allait engager en faveur de mon beau-père. Il ajouta :

« Pensez-vous donc, madame la duchesse, demeurer à l'abri du soupçon ? Le gouvernement royal vous accusera, quelle que soit votre conduite en cette circonstance. On ne vous tiendra aucun compte de votre refus de vous unir à nous, et aussitôt qu'on aura levé le masque, vous serez arrachée de votre lit, traînée dans une prison d'état avec votre fils, soit comme objet d'inquiétude, soit comme ôtage. Il est des époques et des positions dans lesquelles il n'est pas permis de demeurer neutre : vous vous trouvez aujourd'hui dans ce cas, et, en n'embrassant aucun parti, vous les mécontenterez tous : alors...»

» Ici j'interrompis Regnault, en lui disant : *Assez ! assez !* et, malgré son éloquence, je persistai dans mon refus. Il vint chez moi le lendemain de cette conférence; il y passa la soirée, fut encore plus aimable qu'à l'ordinaire; il affecta même de ne me parler de rien : je lui rendis la pareille. Pouvais-je m'imaginer alors que la descente de mon beau-père, sur la côte de Provence, produirait l'effet de la commotion électrique? Napoléon n'avait-il pas failli à être assassiné plusieurs fois dans le midi de la France en se rendant à l'île d'Elbe !

» Mais si je redoutais de prendre part à une entreprise aussi périlleuse, ma conduite n'était pas imitée par les militaires que je recevais chez moi. Tous servirent la cause impériale avec la chaleur de l'amitié et l'abnégation du dévoûment. Ils achevèrent de gagner l'armée, et dès ce moment une correspondance active s'établit entre Paris et l'île d'Elbe.

» Quelques-uns d'entre eux firent en Italie plusieurs voyages, dont la police, si malhabile, ne cherche même pas à éclairer le but. On entretint des intelligences avec Vienne. Le jeune Napoléon devint l'objet d'un culte religieux. Marie-Louise, en allant prendre les eaux d'Aix, s'était montrée sur nos frontières. Le gouvernement royal n'en avait montré aucune inquiétude; il s'était contenté d'envoyer de ce côté un colonel de gendarmerie nommé Lecronier, avec mission de surveiller les démarches de l'Impératrice.

» M. de Blacas n'aurait pu choisir un meilleur agent. M. Lecronier, homme d'esprit et de sens, possédait de véritables qualités diplomatiques : il était bel homme, bien élevé, parlait avec grâce et facilité, et passait pour être très-fin et très-zélé. Il se conforma aux instructions qui lui avaient été données; il parcourut le Piémont, la Lombardie, Gênes, la Toscane, et partout recueillit des renseignemens positifs sur les projets de Napoléon; il les mit à son retour sous les yeux du ministre de la guerre et du directeur de la police générale; mais ni l'un ni l'autre ne voulurent y ajouter foi : un bandeau épais les empêchait de distinguer la vérité. Ainsi donc, plus on allait, moins la police était à craindre : elle ne voyait rien, et M. Dandré, trompé par tous ses entours, M. Dandré, le roi des gobe-mouches, du reste le plus brave homme du monde, mais bien digne successeur de M. Beugnot, vint un soir chez moi ; il y avait beaucoup de monde, et, quoique la conversation fût générale, on ne lui en soutira pas moins, et sans peine, les secrets qu'il pouvait avoir. Il nous divertit beaucoup et ne s'en aperçut pas. Réal, voulant le mystifier, lui demanda en riant :

« Que feriez-vous, M. Dandré, si Napoléon s'adressait à vous pour obtenir une permission de rentrer en France momentanément, dans le but de mettre ordre aux affaires d'intérêt privé qu'il peut y avoir encore ?

— » Je refuserais cette permission, monsieur le comte ; à moins cependant que le roi ne me donnât l'ordre de l'accorder.

— » Mais si c'était pour cause pressante de maladie ?

— » Dans ce cas, je l'accorderais sans hésiter. »

Tandis qu'à Paris les ministres de Louis XVIII faisaient sottises sur sottises, tandis que la Restauration, encore au berceau, tombait de vétusté, Napoléon, impatient de recommencer sa carrière brillante, ne s'endormait pas au milieu des *délices de son exil*, ainsi qu'on avait la simplicité de le croire. Il avait saisi et hâté les premières ouvertures qui lui avaient été faites pour le ramener vainqueur de la royauté; mais loin de se fier entièrement aux démarches de ses amis restés en France, il voulut agir par lui-même, bien convaincu qu'il y a plus de chances en faveur de la réussite lorsque le principal intéressé y apporte tous ses soins. En conséquence, il mit en mouvement des émissaires secrets; il intrigua en France, en Allemagne, en Italie, en Angleterre, en Autriche, et jusqu'en Espagne, si l'on en croit certaines révélations qui furent faites, il n'y a pas même long-temps, par un noble réfugié espagnol. Il frappa à toutes les portes, et augmenta ainsi le nombre de ses partisans.

D'un autre côté, sa haute perspicacité lui fit bientôt connaître l'arrière-pensée des républicains

(car il y avait dès-lors à Paris un parti républicain qui souhaitait également son retour); mais
il se méfia d'eux, et jugea sagement combien il
se ferait tort à lui-même s'il leur laissait le loisir
de dresser leurs batteries et de régulariser leurs
intrigues.

Voici à ce sujet la longue lettre qu'il écrivit à
Régnault, et dont nous pouvons rapporter le
texte, puisqu'après l'avoir montrée à madame de
Saint-Leu, il lui permit d'en prendre copie.

«   .   .   .   .

»   .   .   .   .   parce ce que vous
» êtes un de mes fidèles (lui disait-il), un de ceux
» sur lesquels je compte le plus. Il y a peu
» d'hommes de votre trempe en France, où plus
» que partout ailleurs l'attachement pour moi
» croît de jour en jour. Mais aussi je pense qu'il
» n'y a pas de peuple plus oublieux et plus gi-
» rouette que les Parisiens; mais, tel qu'il est,
» son héroïsme fait oublier ses défauts. Je crois
» cependant qu'il est bon de ne pas lui laisser
» le loisir de s'accoutumer à un autre ordre de

» choses. S'il venait à prendre les Bourbons en
» fantaisie, si un caprice allait les mettre à la
» mode, tout serait consommé : il me mettrait
» au rebut comme une vieille machine.

. . . .

. . . .

» Une autre cause, non moins majeure, me
» porte encore à presser mon retour. Etes-vous
» bien persuadé que le reste des républicains qui
» se mêlent dans vos rangs soient sincères? Je ne
» me fie à aucun d'eux... Ces hommes ne m'ont
» jamais aimé; ils ont pris ce que je leur ai donné,
» mais sans en avoir aucune reconnaissance ; ils
» ont toujours regretté ce pouvoir dont ils n'ont
» pas su faire usage et que je leur ai ravi. Je
» voudrais qu'on les surveillât, qu'on cherchât à
» s'assurer s'ils ne gardent pas la pensée de réta-
» blir la république, tout en ayant l'air de tra-
» vailler pour l'Empire.

» Pensez-vous que Carnot, par exemple, veuille
» franchement de moi? Ses antécédens ne sont-
» ils point là pour prouver qu'il ne rêve qu'une
» égalité chimérique? Merlin, Réal, Barrère, Thi-

» beaudeau, Ramel, au fond, ne valent pas mieux
» que lui; ils reviendraient à leur marotte si on
» les laissait faire. Ne vous fiez donc pas à ces
» gens; employez-les, mais pas trop; tâchez
» surtout qu'une transaction soit inutile : il me
» serait pénible d'être contraint de leur donner
» des garanties.

» Je compte peu sur Davoust et sur Suchet,
» point sur les ducs de Bellune, de Trévise et de
» Dalmatie; Masséna deviendra mon bras droit.
» Quant aux autres, que voulez-vous que j'en fasse,
» eux qui n'ont pu se décider à venir me voir à
» Fontainebleau, tant ils craignaient de se com-
» promettre? Je sais ce que vaut leur dévoûment;
» le ciel me garde d'en rencontrer de pareils! Sa-
» vary, sans esprit, n'est bon qu'à mener la police.

» Je vous recommande de vous entendre avec
» madame Hamelin : elle a de bonnes inten-
» tions.

» Voyez aussi Hortense; il faut se servir d'elle,
» puisqu'on la laisse à Paris, quoique au fond je
» sois fort mécontent de ses coquetteries avec les
» nouveaux venus. Je lui ai écrit deux fois et elle

» ne m'a pas répondu : celle-là encore est femme
» des pieds à la tête.

» Il faut aussi vous assurer des hommes de
» lettres ; la *Restauration* les traite mesquine-
» ment et avec dédain : elle les perdra. Ils sont
» vains et avides.

» Les royalistes ont pris les infiniment petits,
» toutes les obscurités réunies ; ils nous ont laissé
» Daunou, Etienne, Jouy, Arnault et nombre
» d'autres qui font la vraie gloire de la France.
» Dites à ceux-ci de ne pas se presser, que j'ar-
» riverai à temps pour les dédommager du jeûne
» qu'on leur fait faire. Portez aussi les jeunes
» gens à écrire pour moi : les lyres vierges sont
» les plus honorables.

» Je vous charge de beaucoup de soins ; mais
» je sais qui vous êtes et ce que vous pensez.

» Murat a enfin reconnu son abominable sot-
» tise ; il voudrait être à même de la réparer. Je
» ne lui confie rien, c'est un fou qui n'est bon
» que le sabre à la main ; il répandrait en jac-
» tance ce que j'ai tant d'intérêt à cacher. Faites
» en sorte que de Paris on ne lui demande rien

» de positif. Adieu. Vous pouvez parler en sû-
» reté avec celui qui vous remettra ma lettre.

» Sur ce, monsieur le comte Regnault, la pré-
» sente n'étant à d'autres fins, je prie Dieu qu'il
» vous ait en sa sainte et digne garde.

» NAPOLÉON. »

Celui dont il était question dans la dernière
phrase de Napoléon était un jeune négociant
elbois qui, à ce qu'il paraît, jouissait d'une certaine confiance auprès de lui.

Ce jeune homme, dont les instructions étaient
de se montrer facile à consentir à tout ce qu'on
pouvait lui demander au nom de l'Empereur,
avait dans ses mains des actes de la plus haute
importance, et même bon nombre de blancs-
seings dont l'emploi était laissé à sa discrétion.

Il s'embarqua à Livourne sur une felouque
génoise, et se rendit d'abord à Gênes, où il avait
quelques personnes à voir. Cette ville était, à la
fin de 1814, le foyer du juste mécontentement de
la plus grande partie de l'Italie. Malheureuse du

sort qui lui était échu, abhorrant tout à la fois les Bourbons, les Autrichiens et les Piémontais, elle ne pouvait souffrir l'esclavage que les uns et les autres faisaient peser sur elle. Obligée d'appartenir à une monarchie étrangère, elle déplorait alors la rupture des liens qui l'attachaient à la France. Dans cet état d'inquiétude et d'impatience, il n'était pas difficile d'exciter les transports des Génois. L'Empereur comptait sur eux, soit pour leur aide à main armée, soit pour se servir de leur argent en cas qu'il vînt à en manquer.

Cet émissaire avait aussi donné rendez-vous à tous les mécontens de la Haute-Italie ; il parvint à les réunir en secret, leur annonça le débarquement prochain de l'Empereur, non en France, mais en Toscane, afin de profiter de l'armée de Murat et de conquérir avec elle la Lombardie, le Piémont, pour reparaître au-delà des Alpes, non en banni, mais en vainqueur, après avoir placé pour la seconde fois sur sa tête la couronne de fer.

Les Italiens convoqués apprirent cette nouvelle avec joie ; ils se lièrent par de nouveaux sermens, dont les cérémonies bizarres furent empruntées à la franc-maçonnerie ; et, dès ce jour, naquirent les *Carbonari*, destinés plus tard à jouer un si grand rôle en Europe.

Ce but de la mission atteint, l'envoyé de Napoléon, déguisé en vendeur de chapelets et de reliques, prit la route de Turin ; mais il s'y arrêta peu, craignant d'éveiller l'attention d'une cour soupçonneuse. Quelque circonspection qu'il mît à ne pas se faire remarquer, le roi de Sardaigne eut vent de son passage, mais heureusement trop tard pour le faire arrêter ; il en fit donner avis au ministère français, et celui-ci, persistant dans son système d'assoupissement, mit cette nouvelle, importante pour lui, au nombre des fables dont, disait-il, les *trembleurs* ne cessaient de l'accabler.

L'émissaire alla de Turin à Grenoble : là il jeta le germe du mouvement qui éclata plus tard ; il manœuvra dans le même sens à Lyon et sur le reste de la route ; il trouva de grands secours dans les loges maçonniques, toutes hostiles aux

Bourbons. Il arriva enfin à Paris, où il était attendu avec impatience ; chéri des uns, redouté des autres, désiré de tous, il eut soin de se rendre accessible à tout le monde ; il visita chacun en particulier, caressa les amours-propres, flatta chaque espérance, applaudit à chaque projet, prodiguant les promesses et s'engageant à tout, afin que rien ne fût refusé ; mais s'il séduisit quelques républicains, toute son adresse échoua contre Carnot : il ne put l'entamer, et celui-ci, contrecarrant ses démarches, ne lui permit pas d'en compléter le résultat.

Pour coopérer utilement au succès de l'entreprise, on assigna à chacun son rôle, et on détermina quel ressort on mettrait en jeu. On affilia un certain nombre de femmes ; car, en France, les femmes doivent nécessairement prendre part à tout ce qui arrive. Des baronnes, des comtesses, des duchesses ne craignirent pas de s'enrôler dans le complot. On les chargea, de préférence, de diriger l'esprit de la jeunesse ; c'était les employer où elles pouvaient être utiles et où le dévoûment ne laissait pas que d'être agréable.

L'émissaire de Napoléon vint enfin chez madame de Saint-Leu ; elle le reçut comme elle le devait ; mais, s'étant aperçue qu'il mettait tout en œuvre pour la faire parler à cœur ouvert sur certaines matières qu'elle voulait au moin savoir l'air d'ignorer vis-à-vis de lui, elle se tint sur la défensive, et, sans répondre à deux ou trois questions qu'il lui adressa, elle lui demanda à son tour des renseignemens sur l'île d'Elbe.

« L'Empereur y est fort heureux, lui répondit-il ; il s'occupe à bâtir et travaille aux mémoires de sa vie. *Son désir principal est que les Bourbons se consolident en France.* Je lui ai même entendu dire qu'*il avait préféré perdre sa couronne à voir la France malheureuse.*

— » Vous lui avez entendu dire ces paroles ?... Ainsi donc Napoléon rêve toujours notre bonheur ?

— » Oui, madame, toujours ; il n'a rien oublié, et ses amis sont présens à son cœur ; je ne vous cacherai pas cependant qu'il s'est plaint de vous.

— » De moi ! Eh bon Dieu ! pourquoi m'en

voudrait-il ? Ne lui ai-je pas toujours obéi ? N'ai-je pas fait pour lui les plus grands sacrifices ?

— » Cette justice vous est due, et l'Empereur vous la rend ; mais permettez-moi de vous le dire, madame la duchesse, il vous a écrit et vous ne lui avez pas répondu.

— » C'est l'Empereur qui vous a dit cela ?

— » Lui-même, madame ; il vous a adressé deux lettres : voulez-vous que je vous donne la date de chacune d'elles ?

— » Je vous en dispense, monsieur ; la date n'avait point été omise. »

« A mesure que ce jeune homme avançait dans ma confidence, l'inquiétude et l'effroi, raconte madame de Saint-Leu, m'ôtaient jusqu'à la faculté de répliquer. Tout en l'écoutant, ce n'était pas le sort des Bourbons, je l'avoue, mais celui de l'Empereur qui me tourmentait. Je lui répondis cependant :

« Tout ce que vous me dites, monsieur, ne me surprend pas ; mais ce qui a droit de m'étonner, c'est qu'il me semble que vous disposez de l'Empereur avec bien de la liberté. Ensuite, disposer en quelque sorte de la destinée de ceux qui l'aiment autant que moi, en disposer sans les avoir consultés, sans leur aveu, me paraît un peu hardi.

— » Madame, je n'ai fait que vous répéter ce que l'Empereur a daigné me faire l'honneur dé me dire ; et quant aux deux lettres..... »

» Ici je l'interrompis :

« Monsieur, je dois vous déclarer d'abord que je n'avais aucun moyen sûr pour lui faire parvenir ma réponse ; j'ai même prié quelques-uns de mes amis de ne pas lui adresser de lettres, bien convaincue qu'elles seraient arrêtées par les postes de France ou d'Italie et envoyées à Vienne, où M. de Talleyrand sollicite avec ardeur l'éloignement de l'Empereur. Les motifs sur lesquels il s'appuie jusqu'à présent n'ont peut-être pas suffi pour déterminer les alliés à prendre cette mesure ; mais jugez quel effet produirait sur eux une correspondance qui leur ferait croire que j'entretiens avec lui des intelligences secrètes?

— » Il paraît, madame, que vous êtes au courant de ce qui se passe au congrès ; car ce que vous me faites l'honneur de me dire est l'exacte vérité : je suis convaincu que M. de Talleyrand voudrait voir l'Empereur au bout du monde.

— » Ou même mort !

— » Nous saurons le défendre ; et une fois sur le continent !.....

— » Mais qui vous dit encore qu'il n'a pas de projets que les vôtres puissent contrarier ou même détruire ?

— » Vous les connaissez donc, madame ?

— » Je ne vous dis pas cela ; ceci n'est de ma part qu'une supposition. N'a-t-il pas en Italie autant d'amis qu'en France ?....

— » Il en a peut-être davantage, et surtout de plus dévoués.

— » En ce cas, il doit être instruit de tout ce qui se passe ici ?

— » Oui, madame !

— » Enfin, a-t-il laissé quelqu'un dépositaire de ses ordres ; en a-t-il fait passer depuis son sé-jour à l'île d'Elbe ?

— » Oui, madame.

— » Et à qui?

— » A moi, madame.

— » Quelle preuve ?

— » Cette troisième lettre, que je suis chargé de vous remettre de sa part. »

». Je restai confondue. Cependant je pris la lettre, et j'engageai le jeune négociant à venir me voir le soir pour lui donner une réponse qu'il devait remettre à Napoléon. Il vint effectivement la chercher, et reprit, dès le lendemain, la route d'Italie ; mais, en chemin, ayant appris le débarquement de l'Empereur à Cannes, il ne jugea pas nécessaire d'aller le rejoindre, et revint à Paris en toute hâte. Le gant était jeté.

CHAPITRE QUINZIÈME.

1815.

Le salon de Saint-Leu. — Causeries. — Convention secrète entre Napoléon et Murat. — Occupations de
Napoléon à l'île d'Elbe. — Allégorie et tableau mystérieux. — Le général Bertrand. — Un bal de la princesse Pauline à l'île d'Elbe. — Le 26 mars 1815. — Le
brick *l'Inconstant.* — Le golfe Juan. — Le 1er mars. —
Première proclamation. — Arrivée à Grenoble. —
Me voilà! — Le comte d'Artois à Lyon. — *Vive l'Empereur!* — Une députation de Paris. — Ce que tout
le monde avait prévu.

Le commencement de l'hiver de 1815 avait
donné plus d'activité aux causeries de salon, et
plus de carrière aux mécontens. A Saint-Leu, on

continuait à recevoir beaucoup de monde.
M. de Bassano y venait presque tous les jours :
c'était l'homme en qui Napoléon avait peut-être
le plus de confiance ; c'était aussi le seul auquel
il s'était ouvert sans déguisement et sans arrière-
pensée.

Tous les hommes d'opposition, tous les écrivains que la Restauration avait blessés, tous les
officiers-généraux qu'elle avait humiliés, tous
les hauts fonctionnaires déchus se réunissaient
chez madame de Saint-Leu. La correspondance
se continuait avec activité entre Paris et l'île
d'Elbe. On ne prenait même plus la peine de
déguiser sa pensée ; tout le monde sentait que
le gouvernement royal ne pouvait se traîner
long-temps.

Tandis que la Restauration continuait à se tenir dans l'ornière, Napoléon ne perdait pas son
temps. Tout ce que nous savons, c'est qu'au
mois de janvier 1815 une convention secrète
avait été arrêtée entre lui et Murat. On n'a jamais eu connaissance, ni des mesures arrêtées
entre eux, ni de l'époque fixe où elles devaient

être mises à exécution. Du reste, Napoléon n'avait fait aucune confidence à l'île d'Elbe ; les généraux Bertrand, Drouot et Cambronne se doutaient bien qu'il s'agissait d'un projet qui devait s'effectuer sur le continent ; mais toutes leurs conjectures venaient échouer devant la tranquillité apparente de l'Empereur. Sa sœur Pauline seule, qui avait été le rejoindre à l'île d'Elbe dès le mois de mai, avait été mise dans l'entière confidence. Malgré sa légèreté de femme, Pauline avait une tête et une résolution bien rares.

Et puis, les occupations de Napoléon semblaient indiquer la résignation. Il appliquait sa prodigieuse activité dans le cercle étroit de son petit empire ; il traçait des routes, creusait des canaux, et affectait de se considérer comme un homme mort politiquement. Au mois de janvier, il s'était séquestré plus étroitement encore ; mais c'était pour préparer secrètement tout ce qui pouvait être nécessaire à cette aventureuse expédition.

Le 22 février 1815, l'Empereur étant à table,

un messager lui apporta plusieurs curiosités qui arrivaient de France. Dans le nombre, se trouvait un tableau allégorique richement encadré. Il représentait un lis ; sa coupe renfermait, peints en miniature, les portraits des princes et princesses de la maison de Bourbon ; une épaisse guirlande de violettes, de fleurs de grenades et de branches de lauriers, l'environnait de toutes parts ; une légende ainsi conçue était écrite sur un ruban peint en bleu : *Gage du bonheur promis par un heureux retour.*

Ce tableau mystérieux causa une joie extrême à Napoléon ; toutefois il la déroba en partie aux personnes qui étaient à sa table ; mais il se livra aux accès d'une gaîté qui lui était peu naturelle : « Je veux, dit-il, que ces portraits royaux décorent ma chambre à coucher : on ne dira pas que je suis l'ennemi des Bourbons. »

Trompés par ces paroles, les convives admirèrent la force de caractère de l'Empereur : il poussa la comédie jusqu'à vouloir que l'on bût du vin de Champagne au *gage de l'heureux retour;* mais, dès que le dîner fut achevé, il quitta la table et passa avec le général Bertrand dans une autre pièce ; là, il trouva le colonel Campbell, et, tous les trois étant montés à cheval, ils allèrent se promener dans la campagne, et ne rentrèrent que bien après l'heure à laquelle ils revenaient ordinairement. Alors il déroule le soir même ses projets au général Bertrand, en l'invitant à en faire part dès le lendemain matin à Cambronne, avec qui il devait s'entendre à ce sujet.

Le 25 février, la princesse Pauline donna un bal brillant ; tout ce que l'île renfermait de femmes élégantes, toutes les Françaises qui s'étaient exilées volontairement avec Napoléon, assistaient à cette fête. Les lustres resplendissans, les riches parures, les uniformes variés, rappelaient les jours prospères de l'Empire. Le colonel Campbell était passé un moment sur le continent de l'Italie, et cette fête, comme on voit, n'était destinée qu'à tromper les Elbois, en même temps qu'elle cachait un grand dessein. Le moment de partir arriva ; Napoléon sortit ; Pauline le suivit et se jeta tout en pleurs dans ses bras.

« Que Dieu vous bénisse ! lui dit-elle ; soyez plus heureux que l'année dernière.

— » Le succès en est certain, répondit-il ; vois-tu, là-haut, mon étoile ; elle n'a jamais été plus brillante ! »

Et ils se quittèrent.

Quelques heures après (le 26 à 4 heures du matin), un coup de canon donna le signal : il retentit dans toute l'Europe. Le brick *l'Inconstant* reçut l'Empereur et les 400 grenadiers de sa vieille garde commandés par Bertrand, Cambronne et Drouot : « Le sort en est jeté, » dit-il, en mettant le pied sur le navire. Trois autres petits bâtimens portaient 200 chasseurs corses, 100 chevau-légers polonais et un bataillon de flanqueurs de la jeune garde.

A peine cette flottille eut-elle mis à la voile, que Napoléon, rassemblant ses braves compagnons, leur dit : « Grenadiers, nous allons en France ! nous allons à Paris !... » et des cris répétés de *vive l'Empereur !* éclatèrent aussitôt de toutes parts. Cette petite, mais vaillante troupe, entassée dans d'étroits navires, resta quatre jours en mer

au milieu des périls de toute nature, des croi-
sières anglaises et françaises, et des caprices du
vent. Aucun de ces accidens ne put vaincre le
courage de l'Empereur : il dicta à bord les proclamations qu'il devait adresser aux Français, à
l'armée; sa physionomie était calme, quelquefois
riante. A mesure qu'il rédigeait un de ces actes,
il était copié par tous les officiers et sous-offi-
ciers; 500 copies de la proclamation du golfe
Juan étaient faites avant le débarquement.

Le 1ᵉʳ mars, à trois heures de l'après-midi, la
flottille de l'île d'Elbe entra dans le golfe Juan; la
troupe se mit en ligne sur le rivage; elle quitta
son drapeau blanc parsemé d'*abeilles*; soldats et
officiers arborèrent le drapeau tricolore, et le
bivouac fut établi au milieu d'un champ d'oliviers:
« C'est d'un heureux augure ! » s'écria Napoléon.
Aussitôt un ban est battu, et chaque capitaine,
entouré de sa compagnie, lit d'une voix forte,
quoique émue, les proclamations rédigées à bord.
Peu à peu elles furent jetées dans les campagnes,
et l'Empereur s'avança jusqu'à Grasse, Barème et
Digne.

La tentative sur Antibes avait échoué; mais, à mesure qu'on avançait dans les Hautes-Alpes, les habitans des villages proposaient de sonner le tocsin et voulaient accompagner en masse l'Empereur. Il refusa, en disant : « J'avais bien jugé de vous; j'étais sûr de l'affection des Français; mais restez chez vous. » A Gap, les proclamations furent imprimées; il en adressa une aux habitans, où il leur donnait le titre de *citoyens*, parce qu'il connaissait le caractère patriote de la population.

Jusqu'alors Napoléon avait fait plus de 3o lieues dans les terres; il n'avait trouvé aucune résistance; aucune troupe du gouvernement royal ne s'était opposée à sa marche; les autorités, indécises ou mécontentes comme tout le monde, ne prenaient aucun parti. Ce fut ainsi qu'il s'avança à marches forcées jusqu'à Grenoble.

Aucune troupe royale ne s'était encore présentée; mais, le 7 au soir, un cavalier d'ordonnance de Cambronne, qui marchait en avant, vint annoncer à Napoléon qu'une avant-garde de

5 à 600 hommes, précédant une division de 6,000 hommes, avait refusé de parlementer.

« Diable ! dit l'Empereur, ceci est une affaire décisive !

— » Sire, la résistance sur un point, dit Drouot, peut faire tout manquer ; la première défection accomplie, au contraire, assurera, par son exemple, le succès de Votre Majesté.

— » Vous avez raison, général ; avançons toujours : nous verrons après. »

Un second officier est envoyé, mais il n'est pas plus heureux ; on refuse de l'écouter. Alors Napoléon se décide à tenter un de ces coups de fortune qui lui réussirent presque toujours, et, s'avançant de sa personne au-devant des troupes royales qui s'étaient rapprochées :

« Eh quoi ! soldats, leur dit-il d'une voix élevée, vous ne me reconnaissez pas ! Je suis votre empereur !... Y a-t-il quelqu'un parmi vous qui veuille tuer son général, son empereur ?... » Alors effaçant sa poitrine et l'offrant aux balles, il ajouta : « Eh bien ! il le peut...... Me voilà ! »

Des cris unanimes de *vive l'Empereur!* partent aussitôt des rangs ; les soldats quittent leurs rangs, entourent Napoléon..... Ici se passa une de ces scènes militaires difficiles à décrire. Ces vieux compagnons de gloire baignent de leurs pleurs leurs aigles, baisent les pieds de l'Empereur, le pressent, s'agitent autour de lui ; c'est à qui pourra toucher la moindre partie de son uniforme, lorsqu'arrive le 7ᵉ régiment de ligne, commandé par Labédoyère.

Il ne fallait pas perdre de temps et marcher sur Grenoble, point essentiel pour appuyer les opérations militaires. La garnison y était nombreuse et sous les ordres du général Marchand, dont on ignorait les intentions ; mais à la vue des aigles et des couleurs nationales, soldats et citoyens se précipitent aux portes, les brisent, en relèvent les débris et les portent à l'Empereur, en lui disant : « Sire, voilà les portes, nous n'avons pas les clés. » Là, l'Empereur reprit l'exercice ostensible de son gouvernement. Le 10, à sept heures du matin, il entrait au faubourg de la Guillotière, et Lyon saluait son autorité.

Vainement, le comte d'Artois et le duc de Tarente cherchaient à réveiller la fidélité du soldat. Une scène, surtout, avait frappé le frère de Louis XVIII. Passant dans les rangs du 13e de dragons, le silence qui l'environnait l'effraya. Alors, s'adressant à un vieux sous-officier, il lui dit :

« Camarade ! crie donc *vive le roi ?*

— » *Vive l'Empereur !* » répondit aussitôt le maréchal-des-logis.

La garde nationale à cheval avait fait mille protestations au frère du roi. Il ne se trouva qu'un seul de ses membres qui voulût lui servir d'escorte lorsqu'il quitta Lyon. L'Empereur lui donna la croix.

Dans le département du Rhône, il reçut quelques émissaires qui lui furent députés de Paris. Il y rendit aussi plusieurs décrets.

Voilà donc Napoléon maître de Lyon et ayant déjà assez de troupes pour y organiser la guerre s'il eût été besoin. Il a dit plus tard qu'il n'avait marché aussi rapidement que pour atteindre les troupes, et qu'il n'avait eu qu'une crainte, c'était qu'au lieu de les envoyer contre lui, on les eût envoyées assez loin pour qu'il ne pût les joindre : il connaissait bien l'affection que les soldats lui portaient.

CHAPITRE SEIZIÈME.

1815.

Effet que produit à Paris la nouvelle du débarquement
de Napoléon en France. — Louis XVIII et M. de
Blacas. — *Ce n'est pas une folie, c'est un complot.* —
Les Chevau-Légers et les Mousquetaires. — Le *Moniteur.* — *Mourir pour le roi.* — *Ce monsieur.* — Aspect
des Tuileries les 19 et 20 mars 1815. — Les proclamations et les saucissons de Lyon. — La reine Hortense aux Tuileries. — Les anciens et les nouveaux
ministres. — Le général Rapp. — Franchise et naï-
veté. — *Le brave des braves.* — Le bataillon sacré. —
Plus de Bourbons, c'est Napoléon qu'il nous faut. —
Trois ans après.

La nouvelle du débarquement de Napoléon
avec *une centaine d'hommes* fut donnée au
gouvernement royal par une dépêche télégra-

phique qui arriva à Paris dans l'après-midi du 5 mars. Ce fut M. de Blacas qui se chargea de porter cette nouvelle à Louis XVIII, en ajoutant, póur en affaiblir l'effet, que *Bonaparte s'était jeté en fou dans les montagnes, où déjà une partie de sa bande l'avait abandonné.* Le roi en parut tout préoccupé, et ne partagea pas la riante sécurité de son premier ministre. On assembla le conseil, où Napoléon fut déclaré *traître et rebelle.* On enjoignait à tous les gouverneurs, commandans des troupes, aux citoyens, à la population entière, de *lui courir sus.*

« Ne faudrait-il pas convoquer les chambres? dit Louis XVIII à M. de Blacas.

— » Et pourquoi faire ? répondit celui-ci. Votre Majesté peut-elle avoir à craindre quelque chose ?

— » Le débarquement de Bonaparte est un événement plus grave que vous ne pensez.

— » Sire, ce n'est qu'une folle tentative !

— » Ce n'est pas une folie, comme vous paraissez le croire.

— » Qu'est-ce donc alors ?

— » Un complot ! Il faut nous appuyer sur les chambres ; nous serons plus forts alors.

— » Sire, je vais préparer l'ordonnance.

— » Oui, le plus tôt possible. »

Quoi qu'il en soit, les journées des 5, 6 et 7 mars ne se passèrent qu'à proposer des mesures toutes plus burlesques les unes que les autres. Le comte d'Artois, accompagné du duc d'Orléans et de Macdonald, partit pour Lyon, afin de prendre le commandement.

Alors les proclamations, les adresses, les sermens de fidélité furent prodigués avec un grand luxe de phrases : maréchaux, généraux, officiers, préfets, magistrats et fonctionnaires publics placèrent *leur fortune* et *leur vie* aux pieds du roi. Ce fut au château un bruit, un tapage à ne plus s'y reconnaître ; les dévoûmens pleuvaient en masse ; on voulait partir ; chacun avait son projet en poche. Que ne pouvait-on avec les chevau-légers, les mousquetaires et les gardes de la porte ! Louis XVIII avoua, depuis, qu'il n'avait jamais été si cruellement étourdi par ses fidèles serviteurs.

Du 8 au 13 il régna à la cour une agitation, un trouble, une terreur extrêmes, et avec tout cela de la joie et des espérances. La police faisait afficher à chaque moment que *Bonaparte et sa bande, dispersés et repoussés partout,* n'avaient trouvé, de la part des soldats, que *haine et soif de vengeance;* et puis arrivait un courrier qui annonçait l'entrée à Grenoble, l'occupation de Lyon et la défection de nouveaux corps. Il y avait, comme cela arrive le plus ordinairement, deux sortes de nouvelles : celles des partisans et celles des ennemis.

Chez madame de Saint-Leu on recevait, de moment en moment, des renseignemens, des bulletins sur la marche rapide de son beau-père.

Ces bulletins, que les journaux ne pouvaient donner à cause de la censure, n'en circulaient pas moins avec une rapidité extraordinaire; tout le monde en prenait copie. A côté de cela, le *Moniteur* publiait chaque matin, avec sa bonhomie ordinaire, tout ce qui lui était envoyé par le ministère; et l'on sait quelle espèce de vérité

laissent pénétrer ces messieurs dans de semblables circonstances.

Pendant ce temps, une scène d'un autre genre
se passait à la Chambre des députés, que le roi
avait enfin convoquée. Quoique souffrant, il s'y
était rendu avec toute la pompe des séances so-
lennelles, et son état maladif imprimait à cette
cérémonie je ne sais quelle majesté du malheur.
Le comte d'Artois le suivait triste et consterné.
Les applaudissemens d'un sombre enthousiasme
les accueillirent à leur entrée dans la salle. Le
discours du roi produisit un effet touchant ; des
cris de : *Mourir pour le roi ! Guerre à l'usurpateur !* se firent entendre de partout, et principalement dans les tribunes publiques, pour lesquelles il y avait eu beaucoup de billets donnés.
Cet effet s'accrut lorsqu'on vit le comte d'Artois
s'avancer vers le trône, et réclamer par un geste
le silence et l'attention de l'assemblée :

« Sire, dit-il, je m'écarte ici des règles ordi-
» naires en osant parler devant Votre Majesté ;
» mais je la supplie de me pardonner, et de me
» permettre d'exprimer ici, en mon nom et au

» nom de ma famille, combien nous partageons
» du fond du cœur les sentimens et les principes
» qui l'animent. »

Ensuite, se tournant vers l'assemblée, il ajouta
en levant la main :

« Nous jurons sur l'honneur de vivre et de
» mourir fidèle à Dieu, à notre roi et à la Charte
» constitutionnelle, qui doit assurer le bonheur
» des Français ! »

A ces paroles le roi tendit la main à son frère,
qui la baisa respectueusement, puis ils se préci-
pitèrent dans les bras l'un de l'autre.

Cette scène avait été concertée d'avance, car
personne n'ignorait les répugnances du comte
d'Artois pour la Charte, que ce prince, devenu
roi, s'empressa de briser aussitôt qu'il crut pouvoir le tenter impunément.

La révolution de 1830 justifia bien ces paroles prophétiques de Louis XVIII à son lit de
mort :

« Mon frère est impatient de dévorer mon
» règne ; mais qu'il se souvienne que s'il touche
» à la Charte, le sol tremblera sous lui. »

Aussitôt que la nouvelle de l'arrivée de Napoléon à Fontainebleau eut été répandue dans Paris, on mit en délibération dans le conseil si le roi défendrait sa capitale et resterait aux Tuileries, s'il se retirerait dans une ville forte, ou enfin s'il irait à l'étranger ; mais Louis XVIII dit à ses ministres :

« Je reste ici : je veux voir en face ce *monsieur* » qui prétend s'asseoir sur mon trône. »

On lui fit entrevoir tous les dangers auxquels une pareille résolution pouvait l'exposer, ainsi que sa famille :

« En ce cas, j'irai à Lille, » dit le roi.

Dès ce moment il fit toutes ses dispositions, et dans la nuit du 19 au 20 mars il quitta la capitale en se dirigeant sur Lille, sans oublier d'emporter les diamans de la couronne, quelques millions en or et en billets de banque, et force fourgons chargés de provisions de bouche de toute espèce.

Au dire de ceux qui furent témoins de cette dernière scène, jamais spectacle plus touchant ne s'offrit à leurs yeux. La maison du roi, sa famille, les gardes nationaux, tout le monde pleurait en suivant ce prince, qui montrait, dans des circonstances difficiles, une force d'âme qui avait quelque chose d'héroïque. Il était souffrant, mais son visage était calme et sa parole n'avait jamais été si douce.

Napoléon allait arriver à Paris !.... Qu'on s'imagine la joie de madame de Saint-Leu, celle de ses amis ! Ils avaient passé les derniers jours dans des transes cruelles. Le désespoir avait fait prendre aux *ultras* des résolutions exécrables : n'annonçaient-ils pas qu'ils ne quitteraient Paris qu'après avoir égorgé ces *gueusards de Buonapartistes !...* Aussi, le 20 mars, la joie devint de l'ivresse. L'Empire allait revenir, avec lui une cour, toutes ses pompes, toutes ses fêtes, toute sa gloire militaire ; on ne serait plus humilié par ce grotesque cortége d'hommes qui *n'avaient rien appris et rien oublié.*

Madame Hamelin se hâta d'annoncer cette bonne nouvelle à madame de Saint-Leu. C'est elle qui eut l'honneur de lancer le premier courrier à Fontainebleau, pour annoncer à l'Empereur que les Parisiens lui tendaient les bras, et qu'il ne pouvait trop se hâter d'arriver aux Tuileries.

Cette grande nouvelle produisit des effets différens dans les sociétés de la capitale ; mais dans celles de madame de Saint-Leu, de MM. de Bassano et Regnault de Saint-Jean-d'Angély, qui s'y attendaient, on éprouva une grande joie : seulement on craignait que le gouvernement royal ne prît des mesures de violence contre les anciens serviteurs de Napoléon. Un jeune auditeur, constamment à l'affût de tous les bruits que l'on faisait courir, venait nous les annoncer : ils n'étaient pas tous également rassurans, et il aurait été facile d'en juger à nos angoisses.

Cependant, dès le 10 au soir, madame Hamelin avait reçu les proclamations datées du golfe Juan et de Gap : elles enveloppaient un saucisson dans une caisse venue par la diligence de Lyon, à son adresse. Aussitôt elles furent, on ne sait comment, réimprimées et répandues dans tout Paris en moins de deux heures. Le ministre de la police ne put même jamais apprendre l'ori-

gine de cette immense publicité. Comme on le
pense bien, ces proclamations excitèrent l'enthousiasme. Lorsqu'elles eurent pénétré dans les
faubourgs, elles y produisirent un effet prodigieux.

Tous les officiers généraux alors à Paris, ainsi
que quelques grands dignitaires, se hâtèrent de
partir pour Fontainebleau afin de présenter leurs
hommages à l'Empereur : Lemarrois était du
nombre ; il fut un des premiers sur la route d'Essonne, accompagnant une voiture à six chevaux
qu'il destinait à l'entrée triomphale de l'Empereur : c'était à qui lui offrirait le plus bel équipage.

Il se refusa à ces magnificences, bonnes seulement pour un prince sans gloire ; il se servit de
la calèche qui l'avait amené de l'île d'Elbe. Un
détachement de lanciers polonais le précédait, et
il s'avançait au milieu d'une escorte de militaires
de tous grades.

« Quoique dans une sorte de disgrâce auprès
de mon beau-père, dit madame de Saint-Leu, je
le précédai aux Tuileries, voulant le voir une

des premières, et ayant à cœur de lui donner des explications sur ma conduite pendant son absence.

» J'ignorais l'heure à laquelle il arriverait au château ; cependant, à neuf heures du soir, la calèche dans laquelle il était avec le duc de Vicence s'arrêta vis-à-vis la grille du quai du Louvre. A peine eut-il mis pied à terre, qu'un cri de *Vive l'Empereur !* mais un cri à fendre les voûtes, un cri formidable, se fit entendre : c'était celui des officiers à demi-solde, pressés, étouffés dans le vestibule, et remplissant l'escalier jusqu'au comble.

» Mon beau-père était vêtu de sa modeste redingote grise ; le duc de Vicence marchait en avant en s'écriant :

« Pour Dieu, messieurs, faites place ! que » l'Empereur puisse avancer ! »

» Pour lui il monta lentement l'escalier, les mains étendues en avant et les yeux fermés comme un aveugle, et n'exprimait le bonheur qu'il ressentait que par des soupirs.

» Arrivé sur le palier du premier étage, les

dames qui encombraient l'antichambre voulurent s'avancer jusqu'à lui ; mais un flot d'officiers de l'étage supérieur bondit sur leur passage, et si elles avaient été moins lestes, plus d'une eût été écrasée.

» Enfin l'Empereur put pénétrer dans le premier salon ; les portes se refermèrent avec effort, et la foule se dispersa, heureuse de l'avoir entrevu.

» J'attendais mon beau-père dans son cabinet. Aussitôt qu'il y entra, je me jetai à ses genoux ; les larmes me suffoquaient ; je ne pouvais prononcer une parole. Il me releva avec bonté et me dit en riant :

« Eh bien ! Hortense, où en est votre procès avec Louis ?

— » Ah ! Sire, le retour de Votre Majesté me le fait gagner ! » lui répondis-je.

» Aussitôt on annonça les anciens ministres : M. Savary était du nombre. A peine mon beau-père l'eut-il aperçu, qu'il lui dit : « M. le duc de » Rovigo, vous me faites aujourd'hui une visite » que j'attendais, il y a un an, à Fontainebleau ! »

» Parmi ceux qu'il revit avec le plus de plaisir, je citerai en première ligne Regnault, MM. de Bassano et Lavalette. M. de Ségur avait déjà repris son service de grand-maître des cérémonies, ainsi que M. de Montesquiou celui de grand-chambellan. Ce fut un singulier spectacle que de revoir les choses remises aussi vite à leur ancienne place; beaucoup de personnes se trouvaient dans les mêmes appartemens où elles s'étaient quittées un an auparavant, et sans presque s'être rencontrées depuis.

» Après son dîner, mon beau-père me pria d'écrire à Rapp qu'il eût à se rendre immédiatement aux Tuileries. Je donnai ma lettre au général Lemarrois, qui se chargea de la remettre en personne à Rapp. Celui-ci ne se fit pas long-temps attendre; il arriva à onze heures et fut introduit immédiatement :

« Ah ! ah ! vous voilà, monsieur le général Rapp, lui dit mon beau-père, aussitôt qu'il le vit entrer; vous vous faites bien désirer. D'où venez-vous ?

— » Sire, de mon hôtel.

— » Ce n'est pas cela. Où êtes-vous allé avec vos troupes avant mon arrivée ?

— » A Ecouen, Sire, où je les ai laissées à la disposition du ministre de la guerre.

— » Est-ce que réellement vous vous seriez battu contre moi ?

— » Oui, Sire.

— » Allons donc !

— » Je ne pouvais pas faire autrement.

— » Allons donc ! interrompit l'Empereur en commençant à s'échauffer, je savais bien que vous étiez là, devant moi ; si l'on s'était battu, j'aurais été droit à vous sur le champ de bataille : auriez-vous osé faire tirer sur moi ?

— » Oui, Sire ; c'était mon devoir.

— » Par exemple, c'est trop fort, monsieur le général Rapp... Vous savez bien que les soldats ne vous auraient point obéi ; ils m'avaient conservé plus d'affection que vous.

— » Sire, vous conviendrez au moins que la position était embarrassante. Vous abdiquez, vous partez, vous nous engagez à servir le roi... et puis vous revenez...

— » Que voulez-vous dire, monsieur ? Croyez-vous que je sois revenu sans alliance, sans accord... D'ailleurs mon système est changé : plus de guerre ; je veux la paix, le bonheur de la France.

— » Votre Majesté le dit, mais je connais ses penchans...

— » Bah ! bah !... Etes-vous allé souvent aux Tuileries ?

— » Quelquefois, Sire.

— » Comment vous traitaient ces gens-là ?

— » Assez bien.

— » Oui, assez bien. On vous cajolait d'abord pour vous mettre à la porte ensuite : voilà ce qui vous attendait tous. Quand même, vous saviez bien que vous ne pouviez leur convenir ; il fallait d'autres titres, d'autres droits pour leur plaire... Avez-vous vu le pamphlet de Châteaubriant ?

— » Oui, Sire.

— » Eh bien ! est-ce que je suis un lâche ? Ai-je jamais manqué de courage sur le champ de bataille ? dites, ne m'avez-vous pas vu au feu ?

— » Ah ! Sire, c'est une accusation ignoble.

— » Avez-vous vu quelquefois le duc d'Orléans ?

— » Une seule fois.

— » Au moins celui-là a de l'esprit de conduite, du tact. Quant aux autres, ce ne sont que des imbéciles, toujours mal conseillés ; ils ne m'aimaient déjà pas trop, ils vont être furieux contre moi, et il y a de quoi : c'est maintenant qu'ils vont crier à l'ambitieux ! c'est là l'éternel reproche ; ils ne savent dire que cela.

— » Ils ne sont pas les seuls.

— » Comment, est-ce que je suis un ambitieux, moi ? » Et, se frappant sur le ventre avec les deux mains : « Est-on gros comme moi quand on est ambitieux ?

— » Votre Majesté plaisante.

— » Non. J'ai voulu que la France fût heureuse et ce qu'elle devait être. D'ailleurs, de quoi s'avisent ces gens-là ! Il leur convient bien de faire de l'importance avec l'armée, avec la nation... Quel est cet ordre que vous avez-là ?

— » La Légion-d'Honneur, Sire.

— » Au moins ont-ils eu l'esprit de la conserver. Et ces deux croix-là? (L'Empereur les touchait.)

— » Saint-Louis et le Lis, répondit Rapp en souriant.

— » Concevez-vous ce nigaud de Berthier qui n'a pas voulu rester? Oh! il reviendra : il sait que je pardonne tout; mais à lui, ce sera à une condition : c'est qu'il mettra son habit de garde-du-corps pour paraître devant moi, et tout sera fini. Allons, monsieur le général Rapp, il faut encore une fois servir la France et nous retirer d'où nous sommes.

— » Convenez, Sire, que vous avez eu tort de ne pas faire la paix à Dresde?

— » Je ne le pouvais pas : les alliés n'étaient point sincères. D'ailleurs, si chacun eût fait son devoir, j'étais encore le maître du monde.

— » Votre Majesté me disait tout-à-l'heure qu'elle n'avait pas d'ambition, et voici qu'il est encore question de la souveraineté du monde.

— » Eh! mais oui... Mon plan était combiné : pas un d'eux n'aurait échappé sans nos malheurs.

— » Vous les eussiez prévenus en acceptant la paix à Dresde.

— » Vous ignorez ce qu'eût été une paix semblable. »

» Et l'Empereur, s'animant tout-à-coup, reprit avec vivacité :

« Est-ce que tu aurais peur de la guerre, toi qui as été quinze ans mon aide-de-camp? A la mort de Desaix tu n'étais qu'un soldat : c'est moi qui t'ai fait ce que tu es.

— » Aussi n'ai-je jamais laissé passer une occasion de vous témoigner ma reconnaissance, et si je suis encore en vie, ce n'est certainement pas ma faute.

— » Je n'oublierai jamais ta conduite en Russie : Ney et toi vous êtes des braves. Allons, embrasse-moi. »

» Et l'Empereur sauta au cou de Rapp, le serra dans ses bras avec affection pendant deux ou trois minutes, et lui dit en lui tirant la moustache :

« Tu prendras le commandement de l'armée du Rhin, tandis que je traiterai avec les Prussiens et les Russes, et avant un mois tu recevras ma femme et mon fils. Tu vas reprendre à l'instant ton service d'aide-de-camp auprès de moi. N'oublie pas d'écrire à Maison de venir m'embrasser : c'est un brave homme, je veux le voir. »

» Vers minuit on introduisit Fouché, que Napoléon semblait attendre avec impatience. N'était-ce pas une chose curieuse que de voir jusqu'à la porte du cabinet de l'Empereur l'intrigue prendre poste, et pousser à l'envi un homme qui avait trahi tous les partis, et avait juré la perte du souverain auquel il venait offrir ses services? Le duc d'Otrante le félicita sur son heureuse arrivée, et finit par lui dire :

« Sire, si quelque empêchement ne s'était présenté, j'aurais été moi-même au-devant de Votre Majesté. »

» Il fut réintégré sur-le-champ au ministère de la police. Le maréchal Davoust fut nommé à la guerre; les autres ministres reprirent leurs fonctions; seulement M. de Montalivet fut remplacé par Carnot. Toutes ces nominations furent faites le soir même, et chacun des nouveaux fonc-

tionnaires alla prendre possession de son administration.

» Le lendemain arriva le bataillon de la garde
qui avait suivi mon beau-père depuis l'île d'Elbe.
La curiosité de la multitude s'était changée en
admiration. Lorsqu'il entra dans la cour des Tuileries, l'Empereur passait la revue des troupes de
la garnison : ce fut un cri de *vivat*, qui se répéta
d'un bout à l'autre de la ligne, et, chose remarquable, dans toute l'armée, chaque soldat avait
conservé sa cocarde aux trois couleurs ainsi que
l'aigle de son schako. On n'eut pas besoin de
donner l'ordre de la reprendre, chacun le fit
aussitôt qu'il sut l'Empereur à Fontainebleau. »

C'était la seconde fois que Napoléon prenait
possession de la France : la première fois au 18
brumaire 1800, à son retour d'Egypte. Quelle
différence avec la seconde ! Déchu du trône,
rayé de la liste des souverains, relégué sur le rocher de l'île d'Elbe, il revient parce que la France
entière a répété avec enthousiasme : *Plus de
Bourbons ! C'est Napoléon qu'il nous faut !*....

Comme la première fois, ce vœu est l'effet d'un grand mouvement national.

Quel était alors le sentiment qui dominait tous les cœurs? L'amour de la patrie! cette conviction que l'ancienne dynastie n'avait pu et ne pourrait jamais assurer le bonheur et l'indépendance de la France!..... Trois mois après, cet autre rêve était dissipé!

CHAPITRE DIX-SEPTIÈME.

—

1815.

—

Premiers actes de l'Empereur à son arrivée aux Tuileries. — Napoléon élu une seconde fois par la nation. —Convocation du Champ-de-Mai. — Déclaration du Congrès de Vienne. — Intrigues diplomatiques. —Un mot de l'Empereur à M. de Metternich. —Vengeance d'un ministre autrichien. — Les 86 départemens de la France. — Nouvelle distribution des aigles. — Solennité imposante. — Allocutions de l'Empereur. — Enthousiasme et espérance. — Départ de Napoléon pour l'armée. —Victoires et succès. —Le Mont-Saint-Jean. — M. de Bourmont. — Stupeur. — La planche de salut.

—

Les premiers actes administratifs de l'Empereur furent d'ordonner la réunion des colléges électoraux dans chaque département, et de faire procéder à l'élection des membres d'une nouvelle chambre des députés. Il exigea que l'on soumît de nouveau son élection au vote national, ne voulant pas tirer avantage de ses succès pour revêtir une autorité qui ne pouvait être décernée que par le vœu de la nation librement exprimé. Lorsqu'il remit de nouveau cette question au scrutin, le Conseil d'Etat avait déjà délibéré sur l'acte d'abdication qui avait été arraché à Fontainebleau et l'avait déclaré nul ; néanmoins Napoléon voulut que son retour au souverain pouvoir fût sanctionné par la volonté nationale.

Il s'occupa en même temps de la convocation du Champ-de-Mai, où devaient se trouver les députés à la Chambre et les envoyés des colléges électoraux de chaque département. C'était à cette assemblée qu'on devait donner connaissance du dépouillement des votes des communes, et proclamer de nouveau l'Empereur ; mais un concours de circonstances fit que le Champ-de-Mai ne put avoir lieu que le 1er juin. L'intrigue ne resta pas inactive pendant cet intervalle.

L'on avait eu connaissance à Paris de la déclaration rendue au congrès de Vienne le 13 mars,
par les alliés, presque en même temps que l'on
avait su que Louis XVIII avait quitté Lille. Cet
acte important n'avait pu être dérobé à la connaissance du public. On l'avait répandu à profusion ; la France avait été à même de juger que
le retour de Napoléon n'avait été concerté avec
aucune puissance ; que loin de là même, toutes
s'apprêtaient à nous faire la guerre. Cette conviction refroidit un peu l'enthousiasme et ramena
bientôt les inquiétudes. Les hommes du parti
royal qui étaient restés à Paris remarquèrent
bien ces dispositions des esprits ; ils les excitèrent,
et Fouché, mieux que tout autre, savait à quoi
s'en tenir sur le retour de l'île d'Elbe. Napoléon
n'était même pas encore à Fontainebleau, que
Fouché s'était mis en correspondance avec M. de
Metternich. Celui-ci avait été trop long-temps
à genoux devant Napoléon pour ne pas peser de
tout son poids sur le grand homme. Il voulait se
venger des affronts que sa bassesse lui avait at-
tirés. Il lui était arrivé souvent, tandis que l'Em-

pereur causait avec lui, de ramasser avec une grâce toute particulière son mouchoir ou ses gants. Aux conférences de Dresde, quand notre étoile pâlissait et dans une situation pareille, le chapeau de l'Empereur tomba sur le parquet; pour cette fois, le ministre d'Autriche, qui avait devant lui les désastres de Russie, demeura immobile; Napoléon l'examinant de son regard d'aigle : « M. de Metternich, lui dit-il, combien l'Angleterre vous donnera-t-elle pour cet acte de courage? »

Le mot était sanglant; l'Empereur le paya cher. M. de Metternich, à qui le souvenir de ses humiliations était pénible, décida son maître à répondre par un refus positif à toutes les demandes qui pourraient lui être faites par son gendre; et M. de Montesquiou, chargé d'une négociation particulière, ayant insisté auprès de son ministre pour en obtenir une décision favorable, M. de Metternich ajouta avec un peu de malignité : « Dites à l'empereur Napoléon que je lui ai payé aujourd'hui ma dette. » Et cependant il ne se crut pas encore quitte; avec quelle fureur active ne le poursuivit-il pas ? C'est aux conseils de M. de Metternich que Napoléon dut sa seconde chute : sans lui, sans ses obsessions continuelles, François II aurait replacé sur le trône de France, en 1815, sa fille et son petit-fils. Le ministre autrichien fut un des principaux instigateurs du retour de l'île d'Elbe : il trouvait que Napoléon était trop près de l'Europe; il le voulait ou mort ou relégué plus loin. Il le leurra par un traité dont quelques personnes eurent connaissance, et que le général Koller alla négocier en son nom à l'île d'Elbe. On sait le reste.

Enfin, l'assemblée du Champ-de-Mai eut lieu. Elle ne fit pas l'effet qu'on aurait dû en attendre : le temps avait manqué à l'Empereur. Cependant cette cérémonie fut des plus imposantes. Le discours prononcé par Dubois d'Angers était plein d'énergie. Il contenait le résumé de tous les vœux, et exprimait nettement la volonté nationale. Mais le pouvoir qui ne possédait plus rien pouvait-il tout promettre ? La réponse à ce discours fut sincère. Après la messe, à laquelle tout le monde tourna le dos, l'Empereur descendit de son trône pour aller se placer sur un amphithéâtre au milieu du Champ-de-Mars, et y distribuer les aigles à toutes les cohortes des départemens. Ce mouvement fut magnifique, car il fut national : la situation d'ailleurs était vraie. L'Empereur eut soin de dire un mot à chacun de ceux qui recevaient ces drapeaux, et ce mot était un encouragement et un éloge.

Au département des Vosges : « Vous êtes mes anciens compagnons. »

A ceux du Rhin : « Vous avez été les plus courageux et les plus malheureux dans nos désastres. »

Au département du Rhône : « J'ai été élevé au milieu de vous. »

A d'autres : « Vos bataillons étaient à Rivoli, à Arcole, à Marengo, à Austerlitz. »

Ces mots magiques pénétrèrent d'une émotion profonde cette foule de vieux guerriers, débris de tant de victoires : malheureusement la France entière n'assistait point à cette grande et sublime cérémonie, et l'enthousiasme des spectateurs ne gagna pas les populations des départemens.

Ce fut le 11 juin 1815 que Napoléon partit de Paris pour aller se mettre à la tête de son armée. Madame de Saint-Leu le quitta à minuit; il souffrait beaucoup. Cependant, quand il monta en voiture, il manifesta une gaîté qui semblait annoncer la conscience de ses succès. Sa première opération fut une victoire signalée, remportée non loin de Ligny, le 13 juin; il y battit complètement les Anglais réunis aux Prussiens, et dès-lors il fut en droit de se promettre les plus heureux résultats d'une campagne ouverte si brillamment. Mais la fortune, ou plutôt la Providence, avait marqué le jour où de nouvelles calamités fondraient sur nous. Mont-Saint-Jean fut le théâtre d'une des plus funestes batailles que les Français eussent perdues. La trahison avait préparé la défaite; des hommes qui avaient juré fidélité à l'Empereur passèrent à l'ennemi au moment du combat; entre autres Bourmont. L'inattention d'un général qui avait épuisé son bonheur à poursuivre le duc d'Angoulême et à retenir prisonnier ce héros ridicule, décida les fatales conséquences de ce jour. L'Empereur tomba pour ne plus se relever. Nous ne ferons pas l'outrage à sa mémoire vénérée de dire, comme tant de misérables écrivains, qu'*il eut peur de mourir*. Il se conduisit à Waterloo avec sa bravoure ordinaire; il chercha plusieurs fois la mort; les boulets et les balles le respectèrent. Le ciel lui réservait-il une plus longue agonie?......

A Paris, une sorte de frémissement, qui précède toujours les désastreuses nouvelles, avait annoncé dès le 20 juin les funérailles de Waterloo. On ne connaissait pas encore les détails de cet événement épouvantable; on avait appris seulement qu'il y avait eu une grande bataille complètement perdue par les Français, et que l'armée anglo-prussienne s'avançait sur la capitale à marche forcée. Il ne restait donc plus d'espérance; l'étoile de l'Empire s'était éclipsée!... On s'imagine le désespoir de tous les amis de Napoléon.

Le soir, dans toutes les réunions où la patrie faisait battre les cœurs, on ne s'abordait qu'avec douleur; on se demandait ce que la France allait devenir, en proie à une nouvelle coalition de 8oo,ooo hommes. Les agens de Fouché contribuèrent à exagérer les bruits, et à faire croire qu'il n'y avait de salut pour nous, qu'en nous livrant à discrétion aux étrangers.

CHAPITRE DIX-HUITIÈME.

—

1815-1830.

—

Désastres de Waterloo. — L'Empereur à l'Elysée-Bourbon. — MM. de Bassano et Regnault de Saint-Jean-d'Angély. — Réflexions de Napoléon. — Le duc d'Otrante. — Rude réception. — Le congé en bonne forme. — Le 21 juin 1815. — Disposition des esprits dans les deux assemblées législatives. — Abdication de l'Empereur. — Espoir déçu. — Lucien Bonaparte. — Séance orageuse. — Le colonel Labédoyère. — Un rappel à l'ordre. — Expérience chèrement acquise. — Napoléon à la Malmaison. — Derniers adieux. — Départ pour Rochefort. — Toujours des ingrats. — Le baron Muffling gouverneur de Paris. — La reine de Hollande errante et proscrite. — Voyages et tourmens. — Une scène renouvelée du moyen-âge. — Stricte exécution des traités. — Une loi de mort. — Aspect moral et politique de l'Italie. — Tentative funeste. — Peines morales et souffrances physiques.

La nouvelle officielle des désastres de Waterloo était parvenue dans la capitale qu'on en doutait encore. L'Empereur y arriva à sept heures du matin, et le voile fut déchiré.

Les deux premières personnes qu'il fit mander à l'Élysée furent M. de Bassano, rentré dans Paris peu d'instans après lui, et Regnault. Celui-ci, dont la tête était froide et le cœur ardent, ne se laissait pas abattre par le malheur. Il trouvait partout des ressources ; il proposa des moyens de résistance dont aucun n'agréa à Napoléon, qui, les combattant avec une vive opiniâtreté, termina en disant :

« Assemblez sur-le-champ les ministres, les pairs et les représentans ; je veux qu'ils sachent tout ce qui s'est passé. Les partis commencent à s'agiter, dites-vous ? Tant mieux ! je verrai qui j'aurai à combattre. »

M. de Bassano lui fit observer que, pour résister avec plus d'avantage, il fallait qu'il prît en main tous les pouvoirs.

« Ce n'est pas mon avis, reprit l'Empereur ; j'ai recommencé la monarchie constitutionnelle, je veux m'y tenir, sans cela je m'isolerais de la nation. La dictature est inutile, un prince ne doit jamais en avoir besoin ; d'ailleurs, si la fortune l'abandonne, toutes les dictatures du monde ne le sauveraient pas. »

En prononçant ces mots, l'Empereur retrouva toute sa grandeur d'âme, toute son énergie, et n'écoutant plus que ses inspirations héroïques :

« Journée incompréhensible ! s'écria-t-il, concours de fatalités inouies !... Grouchy, Ney, d'Erlon, m'ont-ils trahi ? ou n'ont-ils été que malheureux ?... Ah ! pauvre France !... Et pourtant j'avais tout prévu, tout disposé, tout accompli !... Singulière campagne, où dans moins d'une semaine j'ai vu trois fois s'échapper de mes mains la victoire, le triomphe assuré de la France... Sans la désertion, j'anéantissais mes ennemis ; je les écrasais à Ligny. Si la gauche eût fait son devoir, ils étaient perdus à Waterloo. Ah ! si l'on avait suivi mes ordres !... On en parlera longtemps ; la postérité me rendra justice.

— » Mais, Sire, dit Regnault, tout n'est pas perdu.

— » Non certes, car l'armée a fait des prodiges ! une terreur panique seule l'a perdue. Ce-

pendant Ney a fait massacrer ma vieille garde...
Je n'en puis plus, j'étouffe là !... »

Et Napoléon portait la main sur son cœur ;
enfin il reprit :

« Je vais peindre aux deux Chambres les malheurs de la patrie, je ne veux leur demander que
le temps de la sauver... Après quoi... Eh bien !
je partirai, on ne me reverra plus.

— »Votre Majesté eût mieux fait peut-être de
rester à l'armée.

— »Hélas ! je n'ai plus d'armée !... dit-il avec
l'accent du désespoir. Et cependant tout peut
encore se réparer si l'on me seconde. »

A peine Napoléon avait-il prononcé ces mots,
que Fouché parut en affectant un air attristé qui
lui déplut tout d'abord :

« Ah ! c'est vous, monsieur le duc d'Otrante !
je ne vous attendais pas...

— » Sire...

— » Allons, trêve de momerie, ne vous gênez
pas, montrez toute votre joie ; vous avez souhaité
ma perte, vous devez être satisfait : mais, si vous
croyez triompher, vous vous trompez ; je laisse

au roi le soin de ma vengeance : il est environné
de gens qui l'éclaireront sur votre compte. »

A la suite de cette sortie, Fouché essaya de
se justifier ; il parla de son dévoûment, de son
admiration... Napoléon l'interrompit :

« Pensez-vous vous jouer de moi plus long-
temps ? lui dit-il avec un regard de feu ; me prê-
teriez-vous la crédulité d'un enfant ? Je vous connais ; je sais vos œuvres... Au surplus, que me
voulez-vous ? »

Sans être déconcerté d'une réception aussi
rude, Fouché amena la conversation sur les circonstances présentes. Il montra combien il était
difficile d'en sortir heureusement ; et enfin, au
milieu d'une foule de phrases entortillées, il
acheva en demandant à l'Empereur s'il ne jugeait
pas convenable d'entamer auprès des souverains
une négociation qui aurait pour résultat de permettre que lui, Napoléon, pût se retirer avec
avantage du malheur commun. Il termina, en af-
firmant que si on le chargeait de ce soin, il était
assuré d'obtenir des conditions acceptables.

Napoléon le laissa parler, sans donner aucun

signe d'approbation ou d'improbation ; sa figure ne parut nullement altérée ; mais quand Fouché eut fini, il lui dit avec sang-froid :

« Serais-je donc tombé si bas que votre secours me fût nécessaire ? ou bien votre partie est-elle si mal liée que, pour en garantir le succès, il vous semble plus profitable de me livrer à mes ennemis ? Certes, ce n'est pas à vous que j'accorderai l'avantage de me marchander. Je ne veux d'autres traités que ceux qui conviendront à la France ; je veux la sauver, et, pour y parvenir, je vous défends d'abord de vous occuper de moi. Voilà ma volonté. Je crois que vous me tiendrez quitte de tout remercîment et de toute explication. Allez !... »

Fouché voulut répliquer.

« Sortez ! vous dis-je. »

Nous n'étions qu'au 21 juin, et déjà les ennemis de l'Empereur avaient fait un chemin immense. Les Chambres s'étaient déclarées permanentes. Le 22 il devait y avoir un conseil des ministres : c'était ordinairement à une heure après midi qu'il s'assemblait. Les deux Chambres étaient réunies depuis huit heures du matin. L'on avait déjà remarqué à l'ouverture de la séance de fort mauvaises dispositions parmi les députés. On voyait les agens de Fouché en mouvement partout, excitant les membres à prononcer la déchéance. Une communication faite par l'Empereur à l'assemblée des pairs fut comme le signal d'un soulèvement.

Le ministre de la guerre venait de lire un rapport dans lequel il dissimulait les pertes et exagérait les ressources ; quel dut être son étonnement lorsque le maréchal Ney, qui arrivait de l'armée, se leva pour le démentir. Il montra l'armée désorganisée par le malheur et la trahison, et prouva l'absence totale de moyens prompts pour parer aux chances d'une nouvelle attaque de Paris par les alliés. A ces paroles accablantes, la consternation devint générale ; quelques voix commencèrent à murmurer la nécessité d'une seconde abdication ; la Chambre des représentans, de son côté, avait exprimé la même pensée, et Napoléon fut détrôné une seconde fois.

« J'étais à l'Élysée, rapporte madame de Saint-Leu, au moment où l'Empereur recevait les notions les plus positives sur cette disposition des esprits ; on les lui avait données sans doute avec ménagement, car il ne me parut pas souverainement convaincu que la résolution de prononcer son abdication fût définitivement arrêtée. Je lui donnai tous les détails que j'avais pu recueillir, et je ne balançai pas à lui conseiller le seul parti qui fût digne de lui. Il m'écoutait d'un air sombre, et, quoiqu'il fût, jusqu'à un certain point, maître de lui, l'agitation de son âme et toute l'horreur de sa position éclataient sur son visage et dans ses mouvemens.

« Sire, lui dis-je, je sais que Votre Majesté peut encore tirer l'épée !.. Mais l'abattement a écrasé tous les courages ; votre armée est démoralisée, et il n'y a rien à attendre des Parisiens.

— » Cette pensée est loin de mon âme, me répondit-il en paraissant réfléchir ; Hortense, ne me parlez plus de moi... Mais, c'est la France ! cette pauvre France !... »

» En ce moment, Regnault et le duc de Rovigo entrèrent, et, lui faisant un tableau effrayant de l'irritation que manifestaient les Chambres, l'engagèrent à envoyer son abdication. La mort lui paraissait préférable (quelques mots proférés tout bas me le firent comprendre). Enfin mon beau-père s'y décida.

» Ce grand acte consommé, il resta calme pendant le reste de la journée, donna des conseils sur la position que pouvait prendre l'armée, sur la marche à suivre dans les négociations avec l'ennemi, et insista surtout sur la nécessité qu'il y avait de proclamer son fils empereur, moins dans l'intérêt de cet enfant, que par la nécessité de rallier l'énergie des sentimens et des affections sur une seule tête. Malheureusement personne ne voulut le comprendre.

» Cependant ceux qui étaient encore attachés à mon beau-père voyaient avec douleur la Chambre des représentans ne tenir aucun compte de Napoléon II. Mon oncle Lucien voulut faire une dernière tentative à la Chambre des pairs, où l'Empire comptait encore un assez grand nombre de partisans dévoués, en se chargeant de faire proclamer le Roi de Rome empereur des Français. Il y arriva juste au moment où on venait d'y recevoir le message de la Chambre des représentans pour la nomination d'un gouvernement provisoire. M. de Lacépède, à la tribune, rapportait les dernières paroles de Napoléon : « Je vous répète, disait-il, que l'Empereur m'a » dit : *Je n'ai abdiqué que pour mon fils.* » Alors mon oncle avait saisi cette occasion pour s'écrier au milieu de la salle : « L'Empereur est » mort ! Vive l'Empereur ! L'Empereur a abdi– » qué ! Vive l'Empereur ! J'en donne le premier » l'exemple : je jure fidélité à Napoléon II. »

Cet élan sublime de Lucien fut froidement accueilli.

« On veut nous faire adopter une proposition.... (dit M. de Pontécoulant). Mais quoi !.... celui qui nous la propose n'est seulement pas français.

— » Nous ne voulons que la paix, dit un autre pair.

— » L'abdication de l'Empereur est nulle,

s'écrie le généreux Labédoyère, si l'on ne pro-
clame à l'instant son fils. Ceux qui repoussent
Napoléon II sont pressés sans doute de courber
la tête sous le joug de l'étranger, à qui ils donnent le nom d'amis. Si l'on refuse de proclamer
le prince impérial... eh bien ! que Napoléon tire
l'épée !... tous les cœurs généreux viendront à
lui. Malheur à ces généraux vils qui l'ont déjà
abandonné, et qui peut-être en ce moment mé-
ditent de nouvelles trahisons ! Il faut déclarer que
tout Français qui désertera ses drapeaux sera jugé
selon la rigueur des lois... Que son nom soit déclaré infâme, sa maison rasée, ses biens confis-
qués, sa famille proscrite !... Alors, plus de ces
traîtres dont peut-être quelques-uns siégent
ici. »

A ce discours, la Chambre debout demanda
une réparation à Labédoyère, qui jetait autour
de lui des regards plein de feu.

« Ecoutez-moi ! s'écrie Labédoyère.

— » Je n'écoute plus rien ! s'écrie alors le
général Valence, en portant la main à son
épée.

— » Jeune homme ! vous vous oubliez, dit le vieux Masséna.

— » Il se croit au corps-de-garde, ajouta M. Lameth.

— » Ecoutez-moi !

— » Non !... Non !... A l'ordre !... »

Et Labédoyère, luttant pour ainsi dire corps à corps avec la Chambre, s'écria :

« Grand Dieu ! il est donc décidé qu'on n'entendra jamais ici que des voix basses et viles.

— » C'est abominable !

— » A l'ordre !... A la porte !...

— » Oui ! depuis dix ans...., je le répète, on n'a entendu ici que des voix.....»

De nouveaux cris retentirent avec frénésie et coupèrent la parole au jeune colonel.

La commission de cinq membres, qui venait d'être choisie, devait prendre les rênes du gouvernement, et une députation des deux Chambres devait aller vers les alliés leur faire connaître l'abdication de Napoléon. Cette commission du gouvernement se composait de Fouché, de

Carnot, de Quinette, de Caulaincourt et de Grenier ; elle s'assembla aux Tuileries, où elle commença l'exercice de son pouvoir, le jour même,
en changeant le commandant en chef de la garde
nationale de Paris, et en nommant le maréchal
Masséna à sa place.

« J'étais trop particulièrement persuadée, dit
madame de Saint-Leu, des mauvaises intentions
de Fouché à l'égard de mon beau-père, pour ne
pas lui supposer quelques noirs projets. Toute la
journée du 23 j'entretins Napoléon de mes inquiétudes, en tâchant de lui faire adopter l'avis de
quitter sur-le-champ Paris, pour se rendre de là
aux Etats-Unis, comme il en avait manifesté
l'intention. Mon opinion était partagée par une
foule d'honnêtes gens qui avaient l'expérience des
révolutions, et qui étaient venus prévenir l'Empereur de se tenir sur ses gardes. Il se rangea à
notre avis, et fit dès-lors les dispositions de son
départ.

» Il aurait voulu emmener Drouot, qui avait
été avec lui à l'île d'Elbe ; mais ce général venait

d'être nommé commandant de la garde impériale, et ne crut pas devoir abandonner son poste
dans un moment où la France était en danger.
Le père ainsi que la mère du général Bertrand
étaient venus du Berri pour le voir. Quoique bien
sûr des sentimens de son grand-maréchal pour
lui, mon beau-père ne lui parla pas encore du
projet qu'il avait formé d'aller en Amérique,
parce qu'il craignait d'alarmer la tendresse de
cette famille.

» Il était temps cependant qu'il songeât un peu
à ses affaires particulières ; je lui en parlai, parce
que je craignais une saisie, d'après l'opinion que
j'avais de la manière dont on voulait en finir avec
lui. Mon beau-père possédait du reste fort peu de
chose, encore l'avait-il rapporté de l'île d'Elbe.
Il avait toujours compté sur la générosité nationale, sans s'occuper de sa fortune personnelle.
De tous les individus auxquels il avait donné de
l'argent, il y en a bien peu qui n'en aient conservé plus qu'il ne lui en restait.

» Dès qu'on avait appris l'abdication de l'Empereur, il s'était formé partout des groupes, et

particulièrement parmi la classe des artisans, qui lui était fort attachée. Dans ces groupes on lui témoignait de l'intérêt, et on commençait à dire qu'on voulait le livrer aux ennemis. Ces propos s'accréditaient par l'expérience qu'on avait des révolutions passées, et l'on entourait le palais de l'Elysée du matin au soir en appelant l'Empereur, qui était quelquefois obligé de se montrer. La foule remplissait l'allée de Marigny, qui communiquait de la rue du faubourg Saint-Honoré avec les Champs-Elysées; chaque fois qu'il paraissait, des cris de *Vive l'Empereur!* s'élevaient jusqu'aux nues. Les acclamations ne faisaient qu'augmenter l'affluence des curieux. Fouché s'en alarma et fit inviter l'Empereur à se retirer à Malmaison; il prétexta le besoin de calmer les esprits, qui pourraient se porter à quelques mouvemens séditieux.

» Mon beau-père se rendit à l'invitation; il eut même la précaution de faire entrer sa voiture dans le jardin, afin de pouvoir y monter sans être aperçu du public, qui du matin au soir encombrait toutes les avenues de sa demeure. Il quitta

ce palais par la grille qui, à l'extrémité du jardin, donne sur la rue des Champs-Elysées.

» Enfin, le 28 juin, M. Lavalette vint à Malmaison lui apporter les ordres dont il pouvait
avoir besoin pour les maîtres de poste sur les
deux routes qui mènent à Rochefort par le Poi-
tou et le Berri. Son départ devait avoir lieu le
lendemain matin. Toutes les personnes qui devaient suivre sa destinée étaient réunies; beaucoup d'autres étaient venues lui dire adieu. Il
embrassa tout le monde et dit à chacun des paroles d'amitié. Les officiers de la garde voulurent
venir le voir; il les accueillit très-bien : tous fondaient en larmes.

» Le dernier adieu de mon beau-père reçu, et
croyant avoir accompli mon triste devoir, je
m'empressai de quitter Malmaison, cette demeure chérie, ce lieu de mon enfance, que je ne
devais plus revoir, et je retournai à Paris.

» Cependant les haines déchaînées contre moi
menaçaient d'aller jusqu'à la violence. Ces petits
mouvemens de la capitale, restes inévitables
d'une commotion qui avait ébranlé l'Europe en-

tière, continuaient de m'être attribués. A peine y avait-il deux jours que j'étais de retour, que je reçus un ordre brutalement conçu et signé *Muffling*, gouverneur de Paris, qui m'enjoignait de quitter la capitale dans les vingt-quatre heures, et de sortir du royaume de France au plus vite.

» Après tant d'agitation, le repos était devenu mon premier besoin comme mon unique espérance ; je tournai mes regards vers quelque pays tranquille, et je résolus d'aller me réfugier en Suisse.

» Je quittai mon hôtel le 2 juillet 1815, à quatre heures du matin, accompagné de mes deux enfans et du prince Schwartzemberg. A Dijon, des émissaires, envoyés je ne sais par qui, et embusqués sur la route, tentèrent vainement de m'enlever pour me retenir prisonnière. Je ne dus mon salut qu'à la Providence, en qui j'avais mis toute ma confiance et qui ne cessa jamais de veiller sur moi.

» Plus loin, je faillis tomber victime d'un guet-apens ; heureusement les Autrichiens, qui occupaient déjà le pays, protégèrent mon passage. A Genève, on ne voulut me permettre ni de rester ni d'aller plus loin. Je me souvins de l'hôpital que j'avais fondé à Aix en Savoie : ses habitans ne pouvaient l'avoir oublié...

» Ils me reçurent chez eux avec les égards dus à mes malheurs, et là, dans une anxiété mêlée encore de quelque douceur, puisque j'avais mes enfans auprès de moi, je me déterminais à attendre la décision qu'il plairait aux puissances alliées de prendre sur mon compte, lorsque tout-à-coup un envoyé de mon mari se présenta à moi, porteur d'un ordre ou plutôt d'un jugement par lequel j'étais tenue de remettre entre ses mains mon fils aîné... Il fallut obéir.

» Enfin, je reçus un passeport qui me permit de pouvoir traverser la Suisse pour aller m'établir sur les bords du lac de Constance.

» Tout ce voyage ne fut qu'une suite de tourmens et de tracasseries suscités à chaque pas par une foule d'agens subalternes, tous fiers d'inquiéter pour leur part une malheureuse reine déchue...

» Je me rappelle que, me reposant une nuit dans une petite campagne que ma mère avait achetée près de Genève, une cinquantaine d'hommes entourèrent cette maison, je ne sais dans quel dessein; et comme ils paraissaient hésiter à briser la porte pour exécuter les ordres qu'ils avaient probablement reçus, je me levai, et, à peine vêtue, ouvrant une fenêtre du rez-de-chaussée, je leur dis : « Que me voulez-vous?... et qui êtes-vous? Je quitte la France pour toujours... Si vous êtes français, entrez ; je serai encore heureuse de vous voir !..... Si vous êtes étrangers, et que vous n'ayez que de méchantes intentions, eh bien ! entrez encore. Il y a long-temps que je suis lasse de la vie. » Des larmes seules répondirent à ces paroles, et ils se retirèrent.

» Arrivée à Constance, j'espérais au moins trouver un appui dans la parenté du grand-duc de Bade, qui avait épousé ma cousine Stéphanie de Beauharnais. Un de ses chambellans vint de sa part m'engager très-poliment à porter mes pas *un peu plus loin*, alléguant *des traités* pour excuse. Quelle que fût la rigueur d'un tel ordre, ma santé dans le plus grand délabrement, un froid excessif s'opposèrent à son exécution.

» A Constance, cependant, se terminèrent les incertitudes de mon sort. Le roi de Bavière me permit de me fixer à Augsbourg. Ce prince, dans le cœur duquel l'humanité parla plus haut qu'une prétendue raison d'état, loin d'admettre le principe cruel que l'exil d'un pays entraîne le bannissement de tous les autres, porta secours, autant qu'il était en lui, à ceux que la tempête politique avait jetés dans ses états. Il m'est doux de rendre ici hommage à sa généreuse protection, au nom de ceux à qui il offrit une patrie.

» C'est là que je trouvai pendant quinze ans le repos qui me fuyait depuis si long-temps. Etrangère à tous les intérêts politiques, et consacrée sans partage à l'éducation d'un fils chéri, je ne pouvais toutefois rester indifférente aux destins de la France. Son glorieux réveil, aux jours de 1830, fit palpiter mon cœur d'enthousiasme et de sympathie. Le peuple de Paris lavait en trois journées tous les affronts d'une restauration si cruelle et si longue : les mânes de Napoléon en devaient tressaillir d'orgueil.

» Cette héroïque révolution cependant, qui semblait me présager des jours plus heureux, et qui devait m'ouvrir les portes de la patrie, n'a été pour moi qu'une source nouvelle d'infortunes et de tourmens. A Dieu ne plaise que je l'en accuse ! mais la plainte du moins doit être permise aux malheureux.

» La révolution de juillet devait retentir dans l'Europe entière : l'Italie fut la première à s'émouvoir du contre-coup. Gémissante et courbée sous un joug odieux, cette noble terre vit dans le triomphe des Parisiens un présage assuré de victoire; et, sans compter ses ennemis, sans calculer ses forces, sans savoir si son noble élan serait comprimé ou soutenu par les puissances qui l'environnent, elle leva aussi la bannière de l'indépendance, et sa voix éclatante et fière appela tous les nobles cœurs au soutien de la liberté.

» Mon fils pouvait-il être sourd à la voix de l'honneur? Je ne l'eusse plus aimé. Des premiers il courut aux armes, et, simple volontaire dans les rangs des patriotes italiens, il ne voulut se faire distinguer que par son ardeur pour une juste cause, par sa haine pour les oppresseurs autrichiens.

» On sait l'issue de l'insurrection italienne : elle ne fut que partielle; assez de voix se sont élevées pour dénoncer le perfide abandon des peuples sur lesquels elle croyait pouvoir s'appuyer. Je m'abstiendrai de juger leur conduite en cette occasion, ma douleur me rendrait trop injuste peut-être.

» La campagne ne fut pas longue. Les patriotes italiens, abandonnés à leurs seules forces, ne pouvaient manquer de tomber écrasés sous le nombre de leurs ennemis. Partout leur héroïsme et leur constance furent dignes de la sainte cause pour laquelle ils combattaient; partout aussi mon fils se fit remarquer au premier rang.

» J'étais cependant dévorée d'inquiétude; je n'avais pas embrassé mon fils depuis deux mois, lorsqu'un soir il fut ramené dans mes bras. Il était couvert de blessures.

» La cause italienne était perdue sans retour.

Je connaissais la cruauté et l'esprit de vengeance de la police autrichienne : tous les patriotes qu'elle pouvait saisir étaient impitoyablement fusillés. Comment sauver mon fils dans l'état cruel où il se trouvait ? Je me hasardai à courir les chances d'un voyage que sa faiblesse ne lui permettait pas de supporter. La mort l'environnait en Italie, l'Allemagne lui était fermée, une loi cruelle proscrivait en France sa tête innocente. Je résolus de me réfugier en Angleterre ; et, malgré la faiblesse et les souffrances de mon fils, j'entrepris de traverser incognito la France pour m'embarquer à Calais.

23.

CHAPITRE DIX-NEUVIÈME.

—

1831.

—

Madame de Saint-Leu se détermine à venir à Paris. — Paroles de son fils. — L'*hôtel de Hollande*, rue de la Paix. — Coïncidence. — La place Vendôme. — Anniversaire du 5 mai. — Puissance des souvenirs. — Un strict incognito. — Une lettre au roi. — Visite imprévue. — Démarche délicate. — Conversation politico-diplomatique. — *Vive Napoléon II !* — Une quasi-émeute. — Huit jours de grâce. — Départ pour l'Angleterre. — Conclusion.

———

Cependant les instans étaient précieux ; chaque minute de retard diminuait les chances de succès ! L'irrésolution de madame de Saint-Leu cessa lorsque son fils lui eut dit : « S'il faut mourir, mieux vaut que ce soit en France ; j'aurai du moins la satisfaction de revoir ma patrie ! »

Elle partit avec lui. Le voyage s'accomplit sans accidens graves, et ils arrivèrent bientôt à Paris (*).

Madame de Saint-Leu alla loger à *l'hôtel de Hollande*, rue de la Paix ; là son premier soin fut de mander un médecin.

Par une coïncidence qu'elle ne saurait appeler malheureuse en se rappelant les douces émotions qu'elle lui causa, elle se trouva à quelques pas de la place Vendôme, et on était au 5 mai, jour anniversaire de la mort de Napoléon !

(*) On sait que madame de Saint-Leu cultive les arts avec succès. Musicienne et poète, elle a dû sans doute à l'étude les plus douces consolations d'un rigoureux exil. L'opinion publique lui attribue quelques romances qui ont été chantées pendant long-temps, et que le peuple surtout n'a pas oubliées.

Voici une petite pièce de vers, qui a paru récemment dans plusieurs journaux, signée du nom de l'ex-reine de Hollande : elle n'a pas été désavouée par elle ; et comme le sujet de cette espèce de chant élégiaque ex-

Dès la veille, une foule immense s'était rassemblée au pied de la colonne, et là, dans un recueillement religieux, on avait chanté des hymnes et jeté des fleurs. L'autorité prit l'alarme; elle craignait que les partis ne profitassent de cette circonstance pour essayer un bouleversement;

prime de touchans regrets et un sincère amour de la France, nous avons cru que les lecteurs nous sauraient gré de l'avoir reproduite ici : elle réclamait une place dans cet ouvrage.

LES CHARMES DE LA PATRIE.

Je vais revoir cette terre chérie,
J'irai mourir où j'ai reçu le jour :
Que je vous plains, vous chez qui la patrie
N'éveille pas un sentiment d'amour !

Champs fortunés des jeux de mon enfance,
Semés pour nous de tendres souvenirs,
Vous nous offrez la double jouissance
De nos premiers, de nos derniers plaisirs.

Tout ici-bas ressent la sympathie
Qui nous rappelle où fut notre berceau ;
Heureux penchant qui fait aimer la vie,
Et prête un charme aux horreurs du tombeau !

Dans les ennuis d'une trop longue absence,
J'aime à rêver à mes anciens plaisirs ;
Mon cœur renaît, ma muse est l'espérance,
Et je jouis en chantant mes désirs.

HORTENSE.

des agitateurs s'étaient, dit-on, mêlés aux groupes, et cherchaient à les pousser à la révolte ou du moins à des démonstrations séditieuses. Le lendemain, avant le point du jour, un plus grand concours de peuple se pressait autour du monument..... Déjà, de nombreux détachemens de troupes entouraient la grille de la colonne afin d'empêcher qu'on la franchît. L'enthousiasme était à son comble ; les citoyens déposaient au pied de la colonne des couronnes d'immortelles et de lauriers, ou, formant des guirlandes avec ces tributs de gloire et de douleur, ils en entouraient le soubassement du gigantesque monument.

« Le soir, dit madame de Saint-Leu, des lampions placés autour de la colonne me permirent de jouir de loin de ce touchant spectacle. Je n'eus pas la force de résister à la puissance des souvenirs, et je me mis un moment au balcon... Ah ! combien cet instant fut doux pour moi ! Je me crus transportée à ces beaux jours de l'Empire, où l'allégresse des Parisiens célébrait

quelque nouvelle victoire !..... Hélas ! l'illusion
devait être de courte durée : mon fils était plus
mal. On vint me dire qu'il demandait à me voir.
A des larmes de joie succédèrent des larmes de
douleur : d'autres chagrins m'étaient encore ré-
servés !...

» Malgré le strict incognito que j'avais gardé
jusqu'alors, et les précautions que j'avais prises
pour que ma présence à Paris ne fût pas même
soupçonnée, la vérité avait été trop promptement connue de quelques personnes. Dès le 6 au
matin j'avais reçu la visite de quelques braves et
fidèles amis ; leur vue me fit plaisir et m'affligea
tout à la fois. Je leur représentai les dangers auxquels leur démarche m'exposait ; je leur parlai
de la loi de 1816...

« Eh ! madame la duchesse, s'écria l'un d'eux,
entre 1816 et 1831 n'avons-nous pas eu les journées de juillet ?

— » Oui ; mais les factions et leurs menées,
dit un autre, des provocations menaçantes sem-
blent justifier les soupçons de l'autorité, qui doit
veiller au maintien de l'ordre : ce qui se passe

à quelques pas d'ici n'est pas fait pour la rassurer. On peut rapprocher les circonstances, et il y a dans la présence à Paris de madame la duchesse de Saint-Leu, dans ces fleurs déposées au pied de la colonne, une coïncidence qui autoriserait des préventions contre madame de Saint-Leu; et son séjour clandestin à Paris, surtout à dix pas de cette colonne..., et ces cris de Napoléon II, cette invocation aux souvenirs de la dynastie Napoléonienne, accuseraient la présence de la fille de Joséphine. »

Ces réflexions, fort justes, effrayèrent madame de Saint-Leu : elle demanda conseil. On l'engagea à écrire directement au roi pour obtenir la permission de rester dans la capitale jusqu'à ce que le rétablissement de la santé de son fils lui permît de continuer son voyage.

Elle écrivit donc au roi, et attendit, pleine de confiance en sa générosité, le résultat de cette démarche.

Ces événemens sont si récens, que l'on concevra facilement la réserve que nous croyons devoir apporter dans notre narration, et cependant il nous semble impossible de ne pas réfuter les calomnies qui ont été répandues à ce sujet. Ainsi, on a dit que l'ordre d'arrêter madame de Saint-Leu avait été donné, et que cet ordre émanait de haut lieu : il n'en fut jamais question. Le bruit courut encore qu'un *secours* lui avait été offert de la part du roi, et qu'un prêt considérable lui fut fait.... Toutes ces fables n'étaient inventées que par des personnes malintentionnées et fâchées que l'on tolérât à Paris la présence d'une femme qui n'avait d'autre tort que celui de se fier à la générosité du pays qui l'avait vue naître.

Mais, il faut bien l'avouer, cette femme fugitive, sans appui, inspirait des craintes ; elle s'en convainquit lorsqu'elle reçut la visite à laquelle elle s'attendait. Le ministre qui se rendit auprès d'elle lui parut indécis et presque tremblant.

Il lui parla des émeutes qui avaient eu lieu précédemment, du danger de sa position, et finit par lui dire qu'elle ne pouvait rester plus long-temps dans la capitale.

« Je ne pus croire, dit madame de Saint-Leu, que le roi partageât les craintes de son ministre ; je ne le crois même pas encore. Cependant, on me signifia que je devais sortir du royaume dans un délai de huit jours. « Monsieur, dis-je au ministre, je quitterais Paris et la France à l'instant même si je pouvais emmener mon fils. Autant vaudrait-il avoir le courage d'exécuter à notre égard la loi de 1816, que de nous obliger à un départ aussi précipité. »

» Le ministre me répondit qu'il souffrait beaucoup d'être obligé de m'annoncer que cette décision était irrévocable, mais que la tranquillité publique l'exigeait.

« Et en quoi, monsieur, puis-je compromettre cette tranquillité ? ne suis-je pas à votre merci ?

— » Madame, il se passe à quelques pas de cet hôtel des choses que vous ne pouvez ignorer. Certes, je ne crois pas que votre présence ici en soit la cause ; mais, enfin, si on vous savait à Paris, elle pourrait être le prétexte de graves désordres. »

» En ce moment des cris de *Vive l'Empereur!
vive Napoléon II!* se firent entendre sur la
place, et je distinguai le bruit que faisait la cavalerie en s'efforçant de dissiper les attroupemens
du peuple, qui se réfugiait jusque sous mes fenêtres. « Vous l'entendez, madame, ajouta le
ministre; voici notre excuse !.... » Il allait continuer; je me hâtai de lui répondre : « Monsieur,
la situation de mon fils s'est un peu améliorée
depuis hier; si ce mieux se soutient, nous parti-
rons après-demain. »

Le ministre se retira aussitôt.

Huit jours avaient été accordés à madame de
Saint-Leu; elle arriva à Calais dès le sixième,
et le septième elle était avec son fils en Angleterre.

. . . .

. . . .

Maintenant, c'est à l'histoire de juger la fille
de l'impératrice Joséphine. La vérité est fille du
temps, et il y a sagesse à laisser au public, qui
en revient tôt ou tard, ses préventions et ses erreurs. N'a-t-on pas, d'ailleurs, dit trop de mal de

madame de Saint-Leu pour n'en pas laisser penser un peu de bien ? Toujours simple dans la grandeur, courageuse dans ses nombreuses adversités, dévouée surtout dans celles de sa famille, elle a constamment secouru toutes les infortunes qui se sont adressées à elle ; elle peut enfin rendre bon compte d'une prospérité dont elle n'a profité que pour les autres. La France seule excite encore ses regrets. Quant au trône et aux grandeurs qui se sont évanouies pour elle, sa consolation c'est de penser qu'elle a conservé quelque chose qui vaut mieux qu'une couronne : *des amis !*

TABLE

DES CHAPITRES ET SOMMAIRES

CONTENUS DANS LE TOME SECOND.

CHAPITRE TROISIÈME.

CHAPITRE QUATRIÈME.

—Vingt morts et deux cents blessés. — Spectacle à la cour. — Sagesse et économie que Napoléon apportait dans ses dépenses d'intérieur . . . . *Page* 67

CHAPITRE CINQUIÈME.

CHAPITRE SIXIÈME.

CHAPITRE DIXIÈME.

CHAPITRE ONZIÈME.

CHAPITRE DIX-SEPTIÈME.

CHAPITRE DIX-HUITIÈME.

CHAPITRE DIX-NEUVIÈME.

FIN DU DEUXIÈME VOLUME.

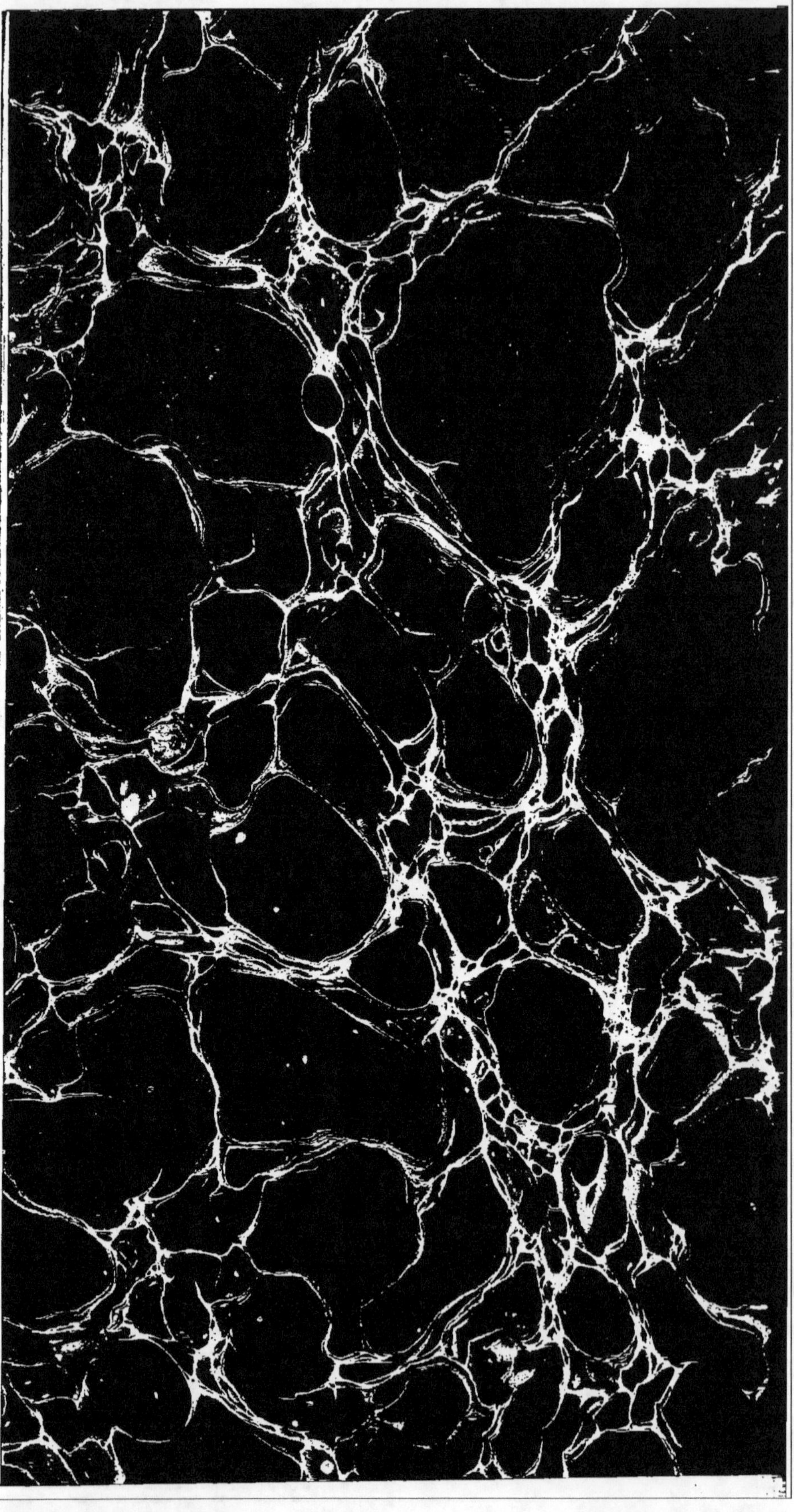

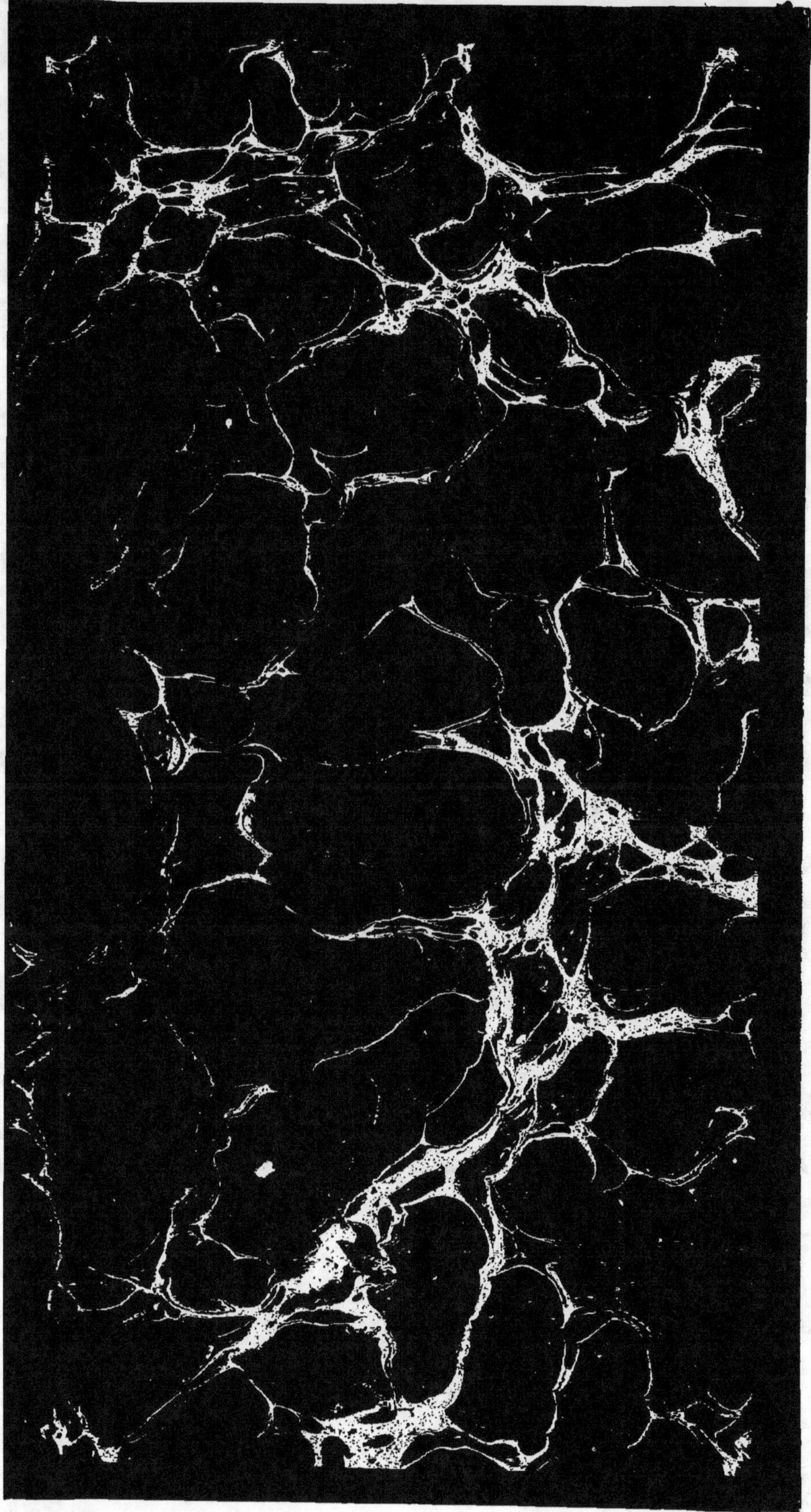

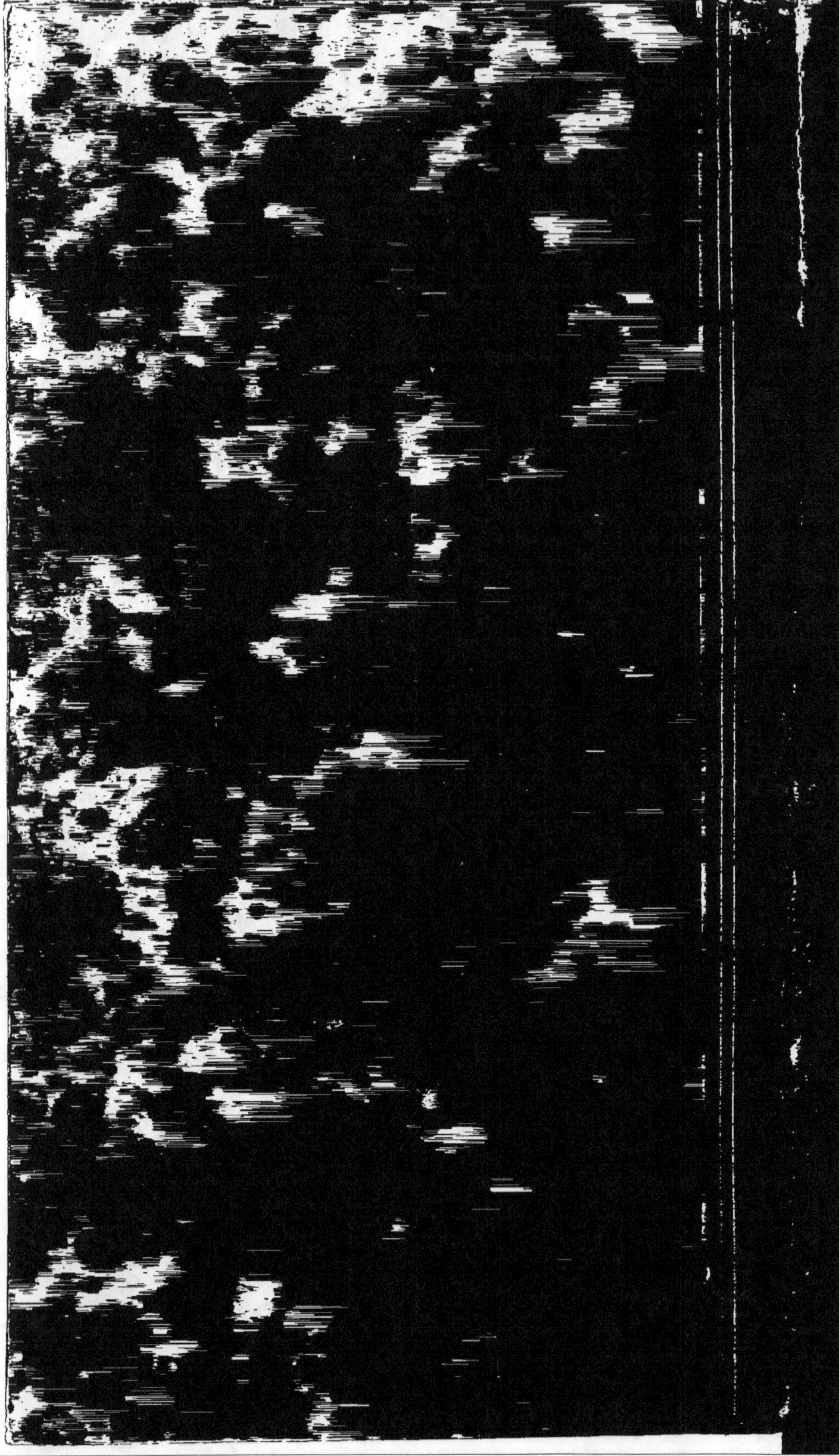